mon Big Bang intérieur

43 quai de Grenelle - 75905 cedex 15

Chantal Rialland

mon Big Bang intérieur

MARABOUT

DU MÊME AUTEUR

Cette famille qui vit en nous,
Robert Laffont, 1994 ;
Marabout, 1996.

Vivre mieux grâce à la psychogénéalogie,
Robert Laffont, 2011.

À paraître aux éditions Marabout
Un big-bang par jour (octobre 2012)

Coordonnées de l'auteur

www.chantalrialland.com
chantalrialland@gmail.com

Ce livre est dédié à l'Être intérieur
en chacun de nous.

SOMMAIRE

AVANT DE COMMENCER

Quand je dis « vous » ou « nous », c'est aux hommes et aux femmes que je m'adresse, ce sont d'hommes et de femmes que je parle, mais, le masculin l'emportant en français sur le féminin dans les accords de genre, adjectifs et participes passés ne porteront ici que la marque du masculin. Ceci à seule fin d'éviter d'alourdir le texte avec des doubles accords (« vous êtes mécontent/e »). Donc, derrière chaque adjectif au masculin se cache aussi un accord au féminin…

QU'EST-CE QUE MON BIG-BANG INTÉRIEUR ?

La théorie du big-bang est une hypothèse scientifique pour tenter d'expliquer le mystère de la création du Monde. Une formidable quantité d'énergie accumulée aurait explosé, donnant lieu à une expansion de l'Univers du fait de l'éloignement rapide des éléments de matière. C'est ainsi que serait née la Terre, notre belle planète bleue.

Je n'ai aucune compétence en la matière pour avoir un quelconque avis autorisé sur cette théorie. Mais, en tant que psychologue-psychothérapeute, je peux affirmer que vous avez tous, sans exception, déjà vécu un formidable big-bang personnel : celui de votre naissance. Vos parents se sont rencontrés, vous ont conçu et vous êtes là, bien vivant, sur cette planète. Quelle chance fabuleuse et quelle extraordinaire aventure… Vous expérimentez tour à tour merveilleux espoirs, fantastiques joies, suaves bonheurs, difficiles frustrations, profondes souffrances. L'histoire de votre vie ne fera peut-être pas l'objet d'un scénario primé aux Césars ou aux Oscars. Mais elle est unique : c'est votre Histoire avec un grand H.

Vous pouvez choisir de vivre un autre fabuleux big-bang. Il s'agit, cette fois, d'un big-bang intérieur. Vous – et vous seul – pouvez le réaliser. Le but de ce livre est de vous accompagner pour le concrétiser.

Votre big-bang intérieur consiste d'abord en une prise de conscience : vous avez l'immense pouvoir de changer votre vie. Vous pouvez prendre en main votre bonheur et être heureux au quotidien. Vous pouvez donner du sens à votre vie et la rendre passionnante.

Votre big-bang intérieur consiste ensuite en un travail sur vous. Il n'est pas violent, contrairement à ce que suppose la théorie du big-bang et son hypothèse d'explosion. Mais il est intense, et demande vigilance et persévérance. Il s'agit en fait d'une profonde mutation intérieure. Ce travail sur soi entraîne un changement d'état de conscience et aboutit à une véritable renaissance.

Je ne vous demande pas de me croire sur parole, je vous invite simplement à l'expérimenter dès aujourd'hui… Je vous souhaite un extraordinaire big-bang intérieur.

étape 1

J'ai le pouvoir de changer ma vie

étape 1

1

JE CO-CRÉE MA VIE

Comme tous les êtres humains, vous disposez d'un atout extraordinaire : votre pouvoir de co-création. Par votre façon de penser, par votre façon de ressentir, par le regard que vous portez sur vous-même, sur les autres, sur les événements, vous créez votre existence, de concert avec la vie. Encore faut-il que vous en preniez conscience. Ce pouvoir de co-création, vous l'exercez au quotidien, généralement sans vous en rendre compte, parfois pour votre bonheur, souvent hélas ! pour votre malheur. Mais vous avez le pouvoir d'apprendre à l'utiliser consciemment pour changer positivement votre vie. Prenons plusieurs exemples qui vous aideront à mieux comprendre ce processus.

Vous vous réveillez de mauvaise humeur et vous « complaisez » dans cet état. Vous ronchonnez, maugréez, vitupérez. Comme par hasard, votre journée se révèle un cauchemar. Rien, absolument rien, ne se déroule comme vous le souhaitez. Le soir, vous vous endormez frustré, mécontent et épuisé.

À l'inverse, un autre jour, vous vous réveillez en pleine forme, content de vivre. Tout au long de la journée, les difficultés semblent s'aplanir, les solutions vous apparaissent spontanément, les gens autour de vous sont charmants et vous ressentez joie de vivre et dynamisme. Le soir, vous vous endormez satisfait et serein.

Autre exemple : vous recevez dans votre bureau un interlocuteur qui se tient voûté et avachi. Par son attitude corporelle, il manifeste de la fatigue, de la tristesse, du découragement. Vous faites de votre mieux pour engager le dialogue. Malgré vos efforts, il semble qu'aucune solution constructive ne puisse émerger de cet entretien. Vous écourtez le rendez-vous.

La personne suivante qui entre dans votre bureau se montre souriante, ouverte, dynamique. Vous communiquez tout naturellement avec elle. Vous vous sentez bien. Vous ressentez une énergie positive qui stimule votre créativité. Vous êtes satisfait de cet échange qui ouvre plusieurs possibilités intéressantes pour votre entreprise. Vous n'avez pas vu le temps passer.

Vous avez l'immense pouvoir de co-créer votre vie. Votre monde intérieur influence de façon considérable les événements de votre existence et les relations avec votre entourage. Vos pensées créent. Vos émotions créent. Vos sentiments créent. Vos ressentis créent. Vos paroles créent. Votre langage corporel crée. Il n'y a pas vous d'une part et la vie d'autre part. Vous n'êtes pas séparé. À chaque instant, il y a une interaction profonde entre la vie et vous, mais aussi entre vous et la vie. La vie se manifeste en une constante énergie créative. Vous avez un pouvoir semblable, en corrélation avec elle.

Sylvie utilise de façon négative son pouvoir de co-création. Elle traverse actuellement une passe financière difficile et pense sans cesse à ses problèmes. Elle se fait constamment du souci, vit dans la peur et dans l'angoisse. Cela la stresse, perturbe sa vie quotidienne et l'empêche de dormir. L'état de panique dans lequel elle se met fait que ses difficultés augmentent, augmentent et augmentent jusqu'à devenir, à ses yeux, aussi immenses que l'Himalaya. Elle devient incapable de trouver la moindre solution. Elle se sent victime d'un funeste sort. Elle broie du noir et ne voit plus que du noir autour d'elle. Elle ressasse toutes les catastrophes de l'actualité. Elle se plaint auprès de ses amis. Elle finit par lasser les personnes qui tentent, vainement, de l'aider. Peu à peu, elle n'est plus entourée que de personnes qui se lamentent, comme elle. À force de cultiver la négativité, de redouter le pire, Sylvie l'attire. Elle s'inscrit de plus en plus dans le manque.

Pierre, quant à lui, utilise de façon positive son pouvoir de co-création. Il traverse lui aussi une période financière difficile. Il ne nie pas ce que l'on a coutume d'appeler la réalité : il ne fait pas l'autruche. Il a réexaminé son budget et supprimé certaines dépenses. Il a déménagé pour un appartement plus petit. Bonne nouvelle, il se plaît davantage dans celui-ci que dans l'ancien, plus vaste mais beaucoup moins chaleureux. Il a également vendu divers objets dont il n'avait plus l'utilité.

Car l'abondance n'est pas de posséder des milliards mais d'avoir ses besoins satisfaits dans tous les domaines, avec un surplus permettant une certaine aisance. L'abondance, c'est se sentir bien sur tous les plans, notamment physiques, matériels, affectifs, relationnels et professionnels[1]. Pierre sait que pour attirer l'abondance, il doit déjà se sentir abondant – ici et maintenant – au lieu de s'inscrire dans le manque et de se lamenter. Il remercie chaque matin et chaque soir pour l'abondance qui est déjà dans sa vie. Même s'il fait davantage attention à ses dépenses au quotidien, il ne manque de rien. De plus, il apprend à tirer profit des promotions des commerçants, qui s'adaptent à la crise. Chaque semaine, il prend soin de se faire un petit cadeau à dix euros. Il réalise comme on peut facilement se faire plaisir avec une petite somme !

L'abondance n'est pas que financière. Ainsi, Pierre remercie d'être en bonne santé, de vivre une relation amoureuse avec une jeune femme qu'il apprécie beaucoup, d'avoir de bons amis. Il est conscient de tous les instants de bonheur qu'il vit au quotidien et s'en réjouit. Le bonheur, avec un grand B, est comme un immense collier dont les perles sont constituées de tous les petits bonheurs de l'existence. Pierre vit pleinement l'instant présent (qui est d'ailleurs le sujet d'un livre passionnant d'Eckhart Tollé,

---

1. Un journaliste du *Wall Street Journal*, Robert Frank, a publié, peu avant la crise américaine, un livre très intéressant, *Richistan*. Cet ouvrage étudie les comportements des personnes milliardaires aux États-Unis. Quelle que soit leur fortune, de dix millions de dollars à plus de cent millions de dollars, les personnes interviewées déclarent qu'elles auraient besoin du double pour se sentir véritablement sécurisées. Comme quoi on peut être milliardaire et vivre dans la peur du manque…

Le Pouvoir du moment présent [1]). Il cultive la gratitude, la joie de vivre, la positivité, la réceptivité.

Tout ce que vous pensez, tout ce que vous ressentez, autrement dit tout ce qui émane de votre monde intérieur, a une extrême importance. Vous émettez des énergies qui ont une influence majeure sur le monde extérieur. Aujourd'hui, vous n'allez pas traiter quelqu'un qui vous sourit comme quelqu'un qui vous fait la gueule. C'est évident… Eh bien, la vie est comme vous !

Savoir que le pouvoir de co-création existe, l'utiliser de façon consciente en cultivant la positivité sous toutes ses formes change radicalement votre vie. C'est un processus psychologique et spirituel, une alchimie intérieure. Votre monde intérieur attire autour de vous, comme un aimant, ce qui lui correspond et qui est en harmonie avec lui. Utiliser le pouvoir de co-création pour développer une vie heureuse commence en vous, dès maintenant. Excellente nouvelle : la vie, si vous lui faites confiance, si vous dansez avec elle, va vous apporter des cadeaux insoupçonnés…

---

1. Eckhart Tollé, *Le Pouvoir du moment présent*, Livre de poche.

2

JE DÉCOUVRE QUE LA RÉALITÉ EST MULTIPLE

Il y a la vie et le monde. Et il y a votre interprétation de la vie et du monde. L'un des aspects les plus passionnants du métier de psychothérapeute est d'accompagner des patients dont les mondes personnels diffèrent radicalement. C'est un peu comme voyager de planète en planète sans être astronaute !

Vous filtrez la réalité en fonction de votre mental, c'est-à-dire en fonction de votre système de pensée, de votre culture, de votre éducation, de vos croyances, de vos points de vue, de vos expériences.

Vous filtrez aussi la réalité en fonction de vos affects, c'est-à-dire de ce que vous aimez, de ce que vous n'aimez pas, de ce qui vous est agréable, de ce qui vous est désagréable. Nombre de ces affects sont conditionnés par votre enfance, votre adolescence, votre histoire familiale, les expériences que vous avez vécues. C'est pourquoi ce qui vous enthousiasme peut laisser de marbre une autre personne et inversement.

Vous filtrez également la réalité en fonction de votre corps et de vos cinq sens. Vos yeux captent une fraction du spectre solaire. Vos oreilles ne perçoivent pas certains sons. Vous appréciez certains plats dont vous vous délectez, alors que d'autres ne vous attirent pas du tout. Certaines odeurs vous sont très suaves, d'autres vous sont désagréables.

Mais, au fond, qu'est-ce que la réalité ? Je suis actuellement confortablement installée à mon bureau et j'écris ces lignes à l'aide de mon ordinateur. Tout m'apparaît concret, solide, matériel. En même temps, bien que je ne puisse pas le percevoir, je sais, grâce aux découvertes de la science et aux instruments de mesure ultrasophistiqués dont les chercheurs disposent, que mon bureau et mon ordinateur sont constitués d'atomes, eux-mêmes constitués d'électrons qui sont des particules énergétiques vibratoires en constant mouvement. Autrement dit, ce qui m'apparaît matière tangible et sensible est – sur un autre plan tout aussi réel mais non perceptible par mes cinq sens – constitué de beaucoup de vide et d'énergie.

Parallèlement, mon corps est en plein travail sans que j'en aie forcément conscience : mes neurones m'aident à penser et à rédiger, mon système nerveux et musculaire fait bouger mes doigts sur le clavier, mon petit déjeuner s'assimile tranquillement, mon sang se renouvelle, mon cœur bat automatiquement, je respire paisiblement. Quand vous lirez cet ouvrage, il en sera de même pour vous. Votre corps vous accompagnera sans que vous ayez conscience de son intense activité.

Autre question fondamentale : quelle est votre réalité personnelle ? Qui êtes-vous ? Votre identité (vos nom et prénoms, lieu et date de naissance), votre situation relationnelle ou matrimoniale, votre profession définissent un aspect de vous mais vous êtes infiniment plus que cela…

Vous changez beaucoup au fil de votre existence. Vous êtes tour à tour bébé, enfant, adolescent, adulte. Vous évoluez en avançant en âge.Parfois, mes patients me disent : « Si j'avais su à vingt ans tout ce que je sais maintenant ! » Aujourd'hui, vous êtes différent selon les facettes de vos activités et de vos responsabilités. Si vous êtes mariée et maman de trois enfants, vous êtes à la fois une épouse, une mère d'un fils de huit ans, une mère d'une fille de cinq ans et une mère d'un bébé de cinq mois. Vous êtes aussi la fille de vos parents, une amie, une voisine, un membre d'une association de parents d'élèves, etc. Si vous êtes un jeune célibataire, vous êtes un employé, un collègue, un membre d'une équipe de sport, un passionné de photo, un camarade, un ami, une personne à la recherche de la femme idéale, etc.

Une part consciente en vous vous fait dire « moi », « je »… C'est, en quelque sorte, la pointe émergée de l'iceberg. Mais la majeure partie est immergée, invisible depuis la surface de la mer. Elle représente la part inconsciente de votre moi. Votre inconscient est immense et multiple. Il est biologique, il est personnel et psychologique, il est familial et psychogénéalogique[1], il est

1. La psychogénéalogie est l'étude des mécanismes de l'influence de votre famille. Vos parents, mais aussi vos grands-parents, ainsi que les autres membres de votre famille font des projections à votre sujet dès votre conception, pendant votre enfance et votre adolescence. En grandissant, vous vous identifiez aux membres de votre parenté, ainsi qu'à leurs désirs et à leurs souhaits. Il y a les personnes que

collectif et archétypal (au niveau de certains symboles universels, il se retrouve chez tous les êtres humains), il est aussi mystère… Nous sommes encore très loin d'avoir exploré toutes les facettes de l'inconscient.

La réalité de votre quotidien est elle-même multiple. Vous êtes souvent accaparé par tout ce que vous avez à *faire*. Vous courez après le temps, avec des journées surchargées. Vous voulez assumer au mieux vos responsabilités professionnelles, familiales, sociales, amicales. Dès votre réveil et jusqu'à votre endormissement, vous pensez, vous pensez encore et toujours à vos activités, à vos préoccupations, à vos soucis. Vous prenez bien peu de temps pour *être*.

Quand vous vous accordez quelques instants pour vous, votre esprit s'apaise, votre corps se détend. Vous accédez ainsi à une autre réalité. Vous êtes conscient d'*être*. Vous savourez d'exister. Vous ressentez la vie couler en vous.

De même, vous avez eu accès à un autre état de conscience dans des circonstances privilégiées. Vous avez assisté à un merveilleux coucher de soleil que vous avez pris le temps de contempler. L'immensité du paysage, la beauté et l'intensité des couleurs, la

---

vous aimez. Il y a, également, celles avec lesquels votre relation est beaucoup plus difficile. Adulte, cela vous amène à reproduire, plus ou moins inconsciemment, certaines situations ou à essayer de faire systématiquement le contraire de ce que vous avez connu. La psychogénéalogie vous aide à être plus conscient et à devenir libre d'être vous-même.

puissance de la nature vous ont procuré une joie indicible. Vous vous sentiez soudain en paix, profondément heureux, relié à plus grand que vous, ouvert à une autre dimension.

Parfois, des intuitions fulgurantes vous traversent. Monique, a « su » immédiatement, en rencontrant Gérard, qu'il était l'homme de sa vie. L'avenir ne l'a pas démentie. Ils sont mariés et heureux depuis quarante-huit ans. Il arrive ainsi que vous ayez une sympathie immédiate pour une personne et que vous ayez l'impression de la connaître depuis toujours. De même, certains lieux, certains espaces vous subjuguent, d'autres pas du tout. Les agents immobiliers connaissent bien ces coups de cœur de leurs clients pour une maison ou un appartement.

Vous êtes bien davantage que ce que vous désignez sous les vocables « moi » ou « je ». Vous êtes un être complexe ayant plusieurs plans de conscience. Vous êtes relié aux autres et les autres sont reliés à vous. Vous êtes relié à l'univers et l'univers est relié à vous.

3

QUELLES QUE SOIENT MES CROYANCES

Le contenu de ce livre s'adresse à tout être humain, quelles que soient sa foi et ses appartenances culturelles. Les réflexions proposées, les outils présentés pour réaliser son big-bang intérieur sont compatibles avec toute forme de croyance, que l'on adhère à une religion ou que l'on soit athée.

En tant que psychothérapeute, j'ai eu le bonheur de recevoir et d'accompagner des patients de toutes confessions. Il est normal pour moi – et de surcroît déontologique – de respecter toutes les convictions.

Beaucoup d'entre vous ont été élevés dans une religion. Vos parents étaient chrétiens, d'obédience catholique ou protestante. Ou bien vous êtes né au sein d'une famille juive. Ou vos parents sont musulmans. Ou encore bouddhistes. Parfois, père et mère sont issus de deux religions différentes. Certains d'entre vous pratiquent leur religion avec beaucoup d'assiduité et de ferveur, d'autres sont croyants mais ne vont qu'occasionnellement à l'église, au temple, à la synagogue, à la mosquée, à l'ashram…

Tout en ayant foi en un principe divin, peut-être vous êtes-vous, comme de nombreuses personnes, détaché des croyances et des pratiques de votre religion d'origine. Vous conservez certaines convictions spirituelles, voire certaines pratiques comme la méditation ou la prière, mais sans vous réclamer d'une religion en particulier.

Ou bien vous vous considérez comme sceptique, agnostique ou athée. Par exemple, vous estimez que l'être humain a inventé Dieu pour se rassurer, par besoin de croire en quelque chose, pour donner un espoir après la mort. Ou vous pensez que Dieu ne peut pas exister au regard de tous les malheurs sur terre. Ou encore vous rejetez les religions car vous pensez qu'elles enferment dans des dogmes qui divisent (alors que le mot, étymologiquement, renvoie au verbe « relier »), ou qu'elles prônent et cultivent la culpabilité, développent un certain masochisme, répriment l'épanouissement de la sexualité, favorisent les conflits et les guerres.

Que vous soyez croyant ou athée, vous pouvez vivre pleinement votre big-bang intérieur. Puisque réaliser votre big-bang intérieur consiste en un profond travail psychologique. Ce travail vous amène à un changement d'état de conscience.

En premier lieu, vous vous considérez différemment. Vous êtes en paix avec vous-même. Vous avez à cœur d'être heureux au quotidien et de vous réaliser. Vous considérez différemment les événements qui vous arrivent. Vous prenez conscience de tous les cadeaux de la vie dont vous bénéficiez déjà et vous êtes dans la gratitude. Quand vous rencontrez des difficultés ou des problèmes, vous les gérez d'une tout autre manière. Vous considérez également les autres différemment. Vous aimez davantage ceux qui sont chers à votre cœur. Vous ressentez de la joie à donner du bonheur autour de vous, même si les personnes concernées ne sont pas vos intimes. Quand quelqu'un vous est désagréable, vous ne réagissez plus du tout de la même façon.

Parallèlement, vos rapports avec la vie ont complètement changé. Il n'y a plus vous d'un côté et la vie de l'autre. Vous *interagissez* avec la vie et la vie *interagit* avec vous. Vous disposez maintenant de tous les moyens pour le faire.

4

JE PRENDS CONSCIENCE DE MES PENSÉES

L'intelligence est un formidable cadeau de l'univers. Votre cerveau produit des milliers et des milliers de pensées chaque jour. Toutefois, vous êtes souvent, sans le savoir, victime de ces pensées qui vous envahissent, vous épuisent et vous emprisonnent.

En premier lieu, vous subissez vos pensées. Elles vous arrivent sans que vous en ayez vraiment conscience. Généralement, vous n'imaginez pas une seconde qu'il puisse en être autrement. D'une part, vous n'avez pas appris à être vigilant à ce qui vous passe par la tête. D'autre part, vous n'envisagez pas que vous puissiez avoir un quelconque pouvoir sur ce qui vous vient à l'esprit. Je vous annonce pourtant une bonne nouvelle : vous n'êtes pas l'esclave de vos pensées. Si, dès aujourd'hui, vous faites le travail de prendre conscience de vos pensées et de choisir de penser positivement, votre vie va changer radicalement.

Ce n'est pas la psychothérapeute que je suis qui va vous conseiller de refouler vos pensées ! Mais vous pouvez choisir de cultiver celles qui vous font du bien et veiller à ne pas amplifier celles qui vous sont pernicieuses et toxiques. Tout ce sur quoi vous fixez votre attention s'amplifie. Mieux vaut amplifier le bonheur que le malheur…

Robert a un souci. Il y pense constamment – ce qui devient une obsession –, il se tracasse, s'angoisse, en perd le sommeil. Non seulement il se fait énormément souffrir mais cela le paralyse pour trouver une solution.

Agathe se trouve face à un problème identique. Bien sûr, des pensées l'assaillent concernant ce problème. Elle ne les refoule pas, elle ne nie pas la difficulté de la situation, elle ne se cache pas la tête dans le sable. Penser positivement, ce n'est pas jouer à « cui-cui les petits oiseaux » ou à « tout va très bien, madame la marquise ». Dès que des pensées négatives lui viennent à l'esprit, elle transforme ces pensées. Au lieu de s'inquiéter et de se torturer, elle remercie la vie de trouver rapidement la solution à son problème. Elle utilise pour ce faire une affirmation positive : « Je remercie l'univers de trouver la solution idéale qui est en train d'arriver. » Elle a résolu son problème beaucoup plus rapidement que Robert et cette difficulté, même si elle a été désagréable au premier abord, a amené ensuite des éléments positifs, dont une nouvelle rencontre amicale.

En second lieu, vous avez tendance à « être tout le temps dans votre tête ». Pendant que vous prenez votre douche le matin, vous pensez à l'organisation de votre journée ou à ce qui vous préoccupe. Vous ne prêtez nullement attention à ce que vous faites. Vous n'êtes pas à l'écoute de vos sensations. Vous omettez de vous concentrer sur la délicieuse sensation de l'eau sur votre peau, sur le parfum de votre savon, sur la joie d'habiter votre corps. Et cela va continuer toute la journée… Vous allez penser, encore et toujours. Bien sûr, au travail, vous serez concentré sur les tâches qui vous incombent. Mais, en dehors de ces heures professionnelles, vous ne cesserez de penser à tout et à rien.

C'est ce que l'on appelle « être dans son mental ». C'est une grande habitude du monde occidental ! L'intelligence est certes une chose merveilleuse. Mais si le mental est intellectuel, il n'est pas du tout intelligent… Il vous dévore et vous fossilise. Il est le fruit de votre enfance et de votre adolescence, de votre histoire familiale, de votre culture, de vos expériences, de vos habitudes accumulées. Il est le filtre, très étroit et partial, à travers lequel vous appréhendez le monde. Il est plein de rigidités, pétri de points de vue et d'idées toutes faites, de souffrances mal cicatrisées, de peurs et de défenses. Il nourrit votre ego (notion sur laquelle nous reviendrons au chapitre suivant).

En troisième lieu, vous ressassez. La plupart de vos pensées se répètent et ceci d'un jour à l'autre, en fonction de vos activités et de vos préoccupations. Tout se passe comme si vous aviez un disque rayé dans la tête. Tout cela est bien fatigant, et même épuisant !

Il est donc fondamental de prendre conscience de vos pensées. Car vos pensées ont un immense pouvoir : elles créent.

Généralement, votre éducation vous entraîne à penser négativement. Souvent, votre enfance et votre adolescence ont été ponctuées de phrases négatives : « Fais attention, tu vas tomber », « Tu ne vas pas y arriver », « Tu peux mieux faire », « Mais qu'est-ce que je vais bien pouvoir faire de toi ? », « Cela ne va pas te tomber tout cuit dans la bouche », « Il faut se donner beaucoup de mal pour réussir », « La vie est difficile, tu vas bien vite t'en rendre compte », « Tu prends tes désirs pour des réalités », « Ne rêve pas », etc. Il s'ensuit que vous n'avez pas confiance en vous. Vous ne vous aimez pas, vous vous critiquez sans cesse, vous avez l'impression de ne pas être à la hauteur.

Vous n'avez pas non plus confiance dans la vie. Vous vous tracassez, vous vous faites mille soucis, vous craignez le pire. Vous redoutez les tuiles qui peuvent vous tomber sur la tête. Tout se passe comme si vous étiez convaincu, plus ou moins inconsciemment, que la vie ne vous aime pas. Pire, qu'elle vous est contraire et hostile. Du coup, vous êtes habitué à *lutter contre* dans la plupart des circonstances de votre vie. Vous devez prendre la parole à une réunion : vous anticipez déjà que cela va être difficile. Vous avez rendez-vous avec un nouveau client : vous craignez de ne pas remporter son adhésion, vous arrivez au rendez-vous tendu ou crispé. Vous avez un différent avec votre mari : vous êtes persuadée qu'il va se buter et ne pas vous comprendre ; avant même de lui parler, cela vous rend de mauvaise humeur et vous ronchonnez : « C'est toujours comme ça avec lui ». *Lutter contre* est le meilleur moyen de se créer des obstacles. Si vous croyez que cela va être difficile, cela va inévitablement le devenir car vous vous programmez en ce sens. Vous vous mettez tout seul des bâtons dans les roues. Alors qu'il serait plus sage de *lutter pour*.

Cependant, le mot « lutter » implique que vous combattez. Vous répétez les marquages de votre éducation. En fait, la véritable sagesse est de ne plus lutter… Le secret est d'*agir pour*, avec confiance et sérénité, du mieux que vous le pouvez et avec plaisir. Vous réussissez toujours mieux quand vous faites les choses avec amour.

Vous avez l'immense pouvoir de changer votre vie. Pour ce faire, il n'y a pas d'autre chemin que de changer votre état de conscience. C'est lui qui influence les événements que vous vivez et les relations que vous établissez avec les personnes qui vous entourent. Le premier pas de ce changement est de prendre conscience de vos pensées et de veiller à ce qu'elles soient les plus positives possible.

5

JE PRENDS CONSCIENCE DE MES AFFECTS

Vos affects – c'est-à-dire vos ressentis, vos émotions, vos sentiments – constituent une part très importante de votre monde intérieur. Comme tout le monde, vous naviguez entre deux sentiments : l'amour et la peur. Car, si l'on y réfléchit bien, toutes les émotions négatives – manque de confiance en soi, tristesse, découragement, anxiété, ressentiment, colère, envie, jalousie, haine – ne sont au fond que les multiples facettes d'un même sentiment viscéral : la peur.

Nous avons vu précédemment combien être conscient de vos pensées et apprendre à les gérer positivement joue un rôle déterminant pour changer votre vie. Il en est de même – et de manière encore plus puissante – pour vos ressentis, vos émotions et vos sentiments. Car il ne suffit pas de penser positivement. C'est ressentir des affects positifs et les cultiver qui est la clef. C'est le chemin du cœur qui vous permet de changer véritablement votre état de conscience et donc votre existence.

Là encore, ce n'est pas la psychothérapeute que je suis qui va vous conseiller de refouler vos affects ! Il n'y a rien de plus toxique que de mettre sous le boisseau ses ressentis, ses émotions et ses sentiments. C'est la porte grande ouverte à des comportements erronés et névrotiques, à des répétitions psychologiques et psychogénéalogiques, à des somatisations de toutes sortes. Pour apprendre à cultiver des affects positifs, vous allez devoir travailler sur ces « valises » émotionnelles engendrées soit par votre enfance et votre adolescence, soit par une période douloureuse de votre vie, soit les deux.

Consulter un psychothérapeute qui vous convienne peut vous aider à y voir plus clair dans ces émotions. Contrairement à une idée encore largement répandue en France, l'on ne consulte pas un psy parce que l'on est « fou », dépressif, mais pour vivre mieux et se réaliser. La première étape d'une psychothérapie est d'exprimer des sentiments négatifs, envers soi-même ou envers les autres. Je suis toujours admirative du courage de mes patients quand ils osent prendre rendez-vous pour une première consultation. C'est extraordinaire de reconnaître ses difficultés et de vouloir se prendre en charge pour aller mieux.

La deuxième étape est de faire remonter à votre conscience les affects que vous avez refoulés. Soit cela vous était trop douloureux, soit vous estimiez que cela n'était pas bien au regard de la morale. Lorsque j'habitais en France, j'ai animé de nombreux stages intitulés « Faire face à nos démons ». Au début, quand je demandais à chaque participant d'exprimer ce sur quoi il souhaitait travailler, le groupe n'était pas franchement à l'aise, comme vous pouvez l'imaginer… Le lendemain, l'atmosphère était tout autre, pleine de joie et de dynamisme. Constater que tout le monde a été jaloux de sa fratrie, a détesté son père et sa mère moult fois, ne s'est pas pardonné une foule de choses est une extraordinaire libération. Refouler consomme une fantastique quantité d'énergie et nous en prive pour bien vivre. Se libérer de ses démons permet de nettoyer et transformer ses affects négatifs, de renaître à soi-même, de donner du sens à son histoire au lieu d'en être la victime.

Vos affects ont un pouvoir immense. Ils ont une influence sur vous-même, votre état de conscience et votre corps. Ils ont une influence sur vos relations et votre entourage. Ils ont une influence sur votre vie.

Vous êtes habitué à considérer que vos affects vous tombent dessus et que vous n'y pouvez rien, sinon les subir et leur obéir. Pourtant, vous n'êtes pas obligé de rester l'esclave de vos ressentis, de vos émotions, de vos sentiments. Si, dès aujourd'hui, vous faites le travail de prendre conscience de vos affects, de choisir de cultiver une énergie affective positive, votre vie va changer radicalement parce que vous allez vous « programmer » totalement différemment.

Vous avez aussi une fâcheuse tendance à vous croire la marionnette des événements et de votre entourage. Vous faites dépendre votre humeur des circonstances extérieures et des agissements des uns et des autres. Si les choses se passent comme vous le souhaitez et que les autres agissent conformément à votre attente, oh merveille ! vous êtes heureux. Dans le cas inverse, catastrophe ! vous souffrez. Votre amoureux vous a appelée, vous êtes aux anges ; il ne vous a pas donné de nouvelles depuis trois jours, vous broyez du noir. Votre patron vous a fait un compliment, le roi n'est pas votre cousin ; il vous a fait une critique, vous voilà au trente-sixième dessous.

Vous faites dépendre votre monde affectif de votre ego. Qu'est-ce que votre ego ? C'est une partie de vous, qui s'est constituée au fil de votre enfance et de votre adolescence. Il est le fruit de vos peurs, de vos frustrations, de vos vexations, de vos blessures, de vos colères, de vos haines. Il ne cesse de répéter en vous : « Et moi, et moi, et moi », « Je veux attirer l'attention », « Je veux qu'on m'aime », « Je veux qu'on me reconnaisse », « Je veux qu'on m'admire ». Il est buté, rigide et exigeant : « J'exige que les choses se passent comme je le veux », « J'exige que les autres soient comme je le souhaite. »

Mais vous pouvez cesser d'être une marionnette de votre ego. Votre véritable bonheur ne dépend pas des événements et des autres. Il dépend de vous et uniquement de vous. Il est votre choix et il est intérieur.

Cerise sur le gâteau, le bonheur et la paix que vous ressentez intérieurement vont modifier vos relations avec les autres et les événements de votre vie. Autrement dit, tant que vous dépendez du monde extérieur, il va prendre le pouvoir sur votre monde intérieur et vous manipuler dans tous les sens. Vous allez connaître en permanence des hauts et des bas. C'est comme passer sa vie sur un grand-huit. À l'opposé, quand vous vous centrez sur votre monde intérieur et que vous ne déviez pas de votre ligne, c'est-à-dire que vous ne cédez pas à votre ego, c'est le monde extérieur qui se modifie.

Une patiente, Claire, me disait récemment : « C'est fou comme je me fais gentiment draguer depuis que je suis heureuse avec Paul ! Il y a deux ans, je souffrais tellement de ma rupture avec Alain que j'étais totalement repliée sur moi-même. Je longeais les murs et je ne devais guère être attirante. De toute façon, je n'aurais vu personne… »

étape 2

Je commence par changer des choses en moi

étape 2

6

JE PRENDS EN CHARGE MON BONHEUR

Pour transformer votre vie, il est essentiel que vous preniez vous-même en charge votre bonheur, dès aujourd'hui. Cela doit être votre objectif numéro un.

Tout le monde rêve d'être heureux mais bien peu de gens le sont véritablement parce qu'ils ne font pas de leur bonheur leur priorité absolue, *ici et maintenant*. La plupart sont pris par leurs nombreuses activités, ne cessent de courir et d'avoir mille choses en tête, sont accaparés par leurs soucis et ne voient passer ni le temps ni la vie. Happés par le monde extérieur, ils oublient de veiller sur leur monde intérieur.

La première erreur consiste à remettre son bonheur à plus tard. Enfant, vous rêvez d'être plus grand. Quand vous êtes au lycée, vous rêvez d'avoir votre baccalauréat ou d'accéder à un cursus qui vous donnera une qualification professionnelle. À l'université ou en apprentissage, vous rêvez d'être diplômé, enfin libre, autonome, touchant votre premier salaire. Sur le plan personnel, vous rêvez de trouver le conjoint idéal. Vous rêvez d'avoir votre premier enfant. Puis, souvent, vous rêvez d'avoir un deuxième enfant, voire davantage. En pleine activité professionnelle, vous pensez que vous serez enfin heureux pendant vos vacances, que vous aurez le temps de souffler et de profiter de la vie. Ou vous rêvez d'être à la retraite car vous aurez enfin du temps pour vous et vous ferez ce qui vous plaît. C'est sans fin…

La deuxième erreur est de faire dépendre votre bonheur de la résolution de vos problèmes actuels : « Je serai heureuse quand mon fils travaillera bien à l'école », « Je serai heureux quand j'aurai changé d'emploi », « Je serai heureuse quand j'aurai divorcé », « Je serai heureux quand je pourrai acheter une maison », « Je serai heureuse quand ma mère sera rétablie », « Je serai heureux quand j'aurai signé un gros contrat », « Je serai heureux quand je pourrai voyager », « Je serais heureuse quand j'aurai maigri », etc.

La troisième erreur consiste à croire que ce sont les autres qui vont vous apporter le bonheur. Dans notre société qui valorise l'amour passion, beaucoup d'entre nous pensent que rencontrer l'âme sœur est la solution à tous nos problèmes et la voie royale vers le bonheur. C'est une parfaite illusion. Aucun homme, même le plus solide, le plus aimant, le plus attentionné, ne pourra vous rendre heureuse à votre place. Aucune femme, même la plus tendre et la plus affectueuse, ne pourra vous apporter le bonheur que vous n'avez pas en vous. Jamais un enfant ne vous rendra heureux si vous ne l'êtes pas déjà en vous-même.

Je ne peux que vous encourager à réaliser vos désirs et vos rêves ! (Vous êtes co-créateur de votre vie, n'est-ce pas ?) Car remettre votre bonheur à plus tard, quand vous aurez enfin concrétisé vos souhaits, est un leurre. À peine vos désirs seront-ils satisfaits qu'émergeront d'autres envies et d'autres rêves. Vous vivrez une course éperdue pour attraper le bonheur qui s'échappera en une incessante fuite en avant.

Il en va de même quand vous liez votre bonheur à la solution de vos soucis. La vie est parsemée de problèmes. À peine vos tracas seront-ils résolus que d'autres difficultés apparaîtront immanquablement. Changer votre vie, ce n'est pas ne plus avoir de problèmes, c'est développer un autre état de conscience face aux difficultés que vous rencontrez. Vous les considérez et les gérez alors d'une manière totalement différente. Cela vous permet aussi, dans bien des cas, de ne plus faire vous-même votre malheur, en voulant que tout se passe rigoureusement comme vous l'entendez et le désirez, selon vos points de vue du moment. Qu'il s'agisse des événements ou des personnes qui vous entourent. Vous ne faites plus une montagne d'une taupinière.

Soyez heureux ici et maintenant. L'instant présent est votre richesse. Le passé ne vous appartient plus, le futur est par définition « à venir ». Seul le présent est vivant et à votre totale disposition. Quelle chance !

Dans un livre remarquable[1], Eckhart Tollé énonce un concept que je trouve extrêmement novateur et très juste : ce n'est pas tant ce que nous faisons qui est important que ce que nous sommes en le faisant. Autrement dit, c'est la qualité de notre *être* qui fait celle de nos actions et de notre vie.

1. Eckhart Tollé, *Nouvelle Terre*, Ariane Éditions, 2005.

Prenons un exemple. Vous voulez mener à bien un projet auquel vous tenez particulièrement. Vous vous angoissez à l'avance, craignant de ne pas y arriver. Vous vous donnez un mal de chien, vous luttez contre les obstacles avec acharnement. Après bien des difficultés et des tourments, vous parvenez enfin à votre but. Vous vous êtes occasionné beaucoup de souffrances et de stress. Votre entourage professionnel et familial a largement pâti de vos tensions et de vos angoisses. Et vous avez pollué votre projet par toute votre négativité. Mais si vous êtes heureux ici et maintenant, avant et pendant la concrétisation de votre rêve, vous avez confiance en vous. Vous avez également confiance en la faisabilité de votre projet. Vous savez que vos rêves vous sont donnés pour les mettre en œuvre. Vous utilisez la loi de co-création avec l'univers. Vous vous mettez au travail avec joie et enthousiasme, vous prenez plaisir à ce que vous faites. Vous avancez en faisant preuve de patience, de concentration, d'intensité et d'efficacité. Votre projet évolue dans une ambiance positive, qui attire à lui des événements favorables à sa réalisation, des personnes adéquates pour travailler en synergie avec vous. Et votre rêve se concrétise sans la souffrance et le stress de la *lutte contre*.

7

JE NE ME LAISSE PLUS PIÉGER

Beaucoup de gens se laissent piéger par des « sortilèges » qui les empêchent de se prendre en main et d'être responsables d'eux-mêmes, de leur bonheur et de leur vie.

L'un des pièges les plus fréquents est de se considérer comme une victime. C'est un processus à la fois stérile et toxique.

Vous estimez que vos échecs sont la faute d'un sort funeste qui s'acharne contre vous. « Je n'ai jamais eu de chance, c'est comme cela », « Je suis née sous une mauvaise étoile », « Ma vie a toujours été difficile », « Je viens d'un milieu défavorisé, cela m'a handicapé toute ma vie », « J'ai été abandonnée et mise à l'Assistance publique », « Je n'ai pas été désiré », « Je n'ai pas pu épouser l'homme que j'aimais », « Je n'ai pas pu avoir d'enfant », « Ma famille n'a jamais accepté mon homosexualité », « Je n'ai pas pu faire les études que je voulais », « Il y en a qui sont optimistes, ma nature à moi c'est d'être pessimiste ».

Vous estimez que c'est la faute des autres. « C'est la faute de ma mère, c'est une femme horrible », « Avec le père terrible que j'ai eu, c'est normal... », « Mon frère a toujours été le préféré, donc vous comprenez... », « Il n'y en avait que pour ma sœur, alors évidemment… », « Ma belle-mère a détruit mon ménage », « Mes parents ne m'ont pas aidé, j'ai dû me débrouiller tout seul », « J'ai toujours souffert avec mes amoureux », « Je suis tombée sur un mari épouvantable », « Ma femme est une harpie », « Qu'est ce que vous voulez que je fasse seule avec trois jeunes enfants ? », « Les gens autour de moi sont égoïstes et désagréables », « Mon collègue est infernal », « Mon patron est un despote ».

Vous estimez que c'est la faute de l'existence ou du temps qui passe. « J'aurais dû… », « Je n'aurais pas dû… », « Ah, si j'avais su… », « Maintenant, c'est trop tard », « À mon âge, vous n'y pensez pas… », « Il ne me reste plus qu'à attendre patiemment la retraite », « Ce n'est pas à soixante ans que je vais changer », « Tout cela, ce n'est pas pour moi ».

Vous considérer comme une victime vous emprisonne et vous paralyse. Il ne s'agit pas de nier votre souffrance. Certes, vous avez vécu des choses douloureuses pendant votre enfance, votre adolescence, à l'âge adulte. C'est important de le reconnaître, d'en parler pour l'exprimer et vous en libérer. Mais passer votre vie à souffrir d'avoir souffert est un horrible gâchis. Vous avez mieux à faire… La vie vous appelle, la vie vous attend. Elle ne demande qu'à vous aider à renaître. Parfois, dans une spirale infernale, vous vous condamnez à l'échec et au malheur pour punir, à travers vous, votre mère, votre père ou les personnes qui vous ont fait du mal. Mais c'est uniquement vous que vous punissez, et personne d'autre. Dans certains cas, cette « vengeance » plus ou moins consciente peut affecter vos proches – votre conjoint, vos enfants, vos amis – car vous reproduisez inlassablement ce que l'on vous a fait.

Un autre piège courant est de penser que l'herbe est plus verte dans le pré du voisin. « Il est né avec une cuillère en argent dans la bouche, alors tout a été aisé pour lui », « Elle est très jolie alors tout lui a toujours souri », « Ils ont de l'argent, bien sûr, tout est facile pour eux », « Ils sont très unis et ne se disputent jamais, ils ont eu bien de la chance de se trouver », « C'est le neveu du patron, alors évidemment... », « Je me demande bien ce qu'il lui trouve, en tous les cas, il est aux petits soins pour sa femme », « Tout va bien pour elle, elle n'a pas de problème, elle est toujours souriante, de bonne humeur ».

En tant que psychothérapeute, je peux vous assurer que la vie de ceux que vous enviez, voire que vous jalousez, n'est pas toujours aussi idyllique que vous le supposez. Vous ne connaissez pas intimement ces personnes. Même si vous êtes persuadé qu'elles ont un sort plus enviable que le vôtre, elles ont, comme vous, un chemin d'évolution personnelle à parcourir. Le bonheur ne se conjugue pas forcément avec « avoir ». Ne vous fabriquez pas des images d'Épinal. Par exemple, être heureux en couple demande beaucoup d'énergie, d'attention, de compréhension mutuelle, de travail sur soi, de patience, de persévérance et d'amour.

Vous voulez transformer votre vie puisque vous lisez ce livre. Je vais vous confier un secret très utile... Se réjouir du bonheur des autres, être sincèrement content de leur abondance, de quelque nature qu'elle soit, agit comme un aimant pour vous apporter, à vous aussi, bonheur et abondance. Des amis font un merveilleux voyage que vous ne pouvez pas vous offrir pour l'instant et qui vous tenterait beaucoup ? Réjouissez-vous du fond du cœur pour eux.

Rester attaché à ses « charentaises de la souffrance » est un autre piège à éviter. Les charentaises, ce sont ces bonnes vieilles pantoufles chères à nos grands-parents. Même quand elles étaient hors d'usage, ils avaient beaucoup de mal à les jeter ! Souvent, vous êtes tellement habitué et identifié aux conséquences de votre passé, mêmes douloureuses, que vous vous y accrochez désespérément.

Jacqueline a eu un père volage. Ne trouvent grâce à ses yeux que des séducteurs invétérés, donc qui la trompent, ce qui la fait terriblement souffrir. Elle estime Claude, qui l'aime et veut l'épouser, fidèle mais parfaitement ennuyeux.

Brigitte a été élevée dans l'obsession d'avoir un métier pour subvenir à ses besoins et ne pas dépendre de son conjoint. Sa mère lui répétait avec insistance qu'il ne fallait jamais faire confiance à un homme. Brigitte a quatre enfants et continue de travailler, au prix d'une épuisante course contre la montre. Son mari, qui a une excellente situation, la supplie d'arrêter jusqu'à ce que le petit dernier soit scolarisé. Elle refuse systématiquement.

Lâchez prise. Ne vous agrippez plus au connu, c'est-à-dire à votre mental et à votre ego. La vie est bien plus passionnante, surprenante, généreuse que ce que vous font croire vos appréhensions, vos peurs, vos *a priori*, vos points de vue hérités du passé. C'est délicieux de mettre ses charentaises de la souffrance au placard ! Quand vous verrez que vous n'en avez plus besoin, vous pourrez toujours en faire un feu de joie ou les découper en confettis.

Un autre piège, enfin, consiste à vous « starifier » grâce à vos problèmes. « Les gens heureux n'ont pas d'histoire », dit un adage. Mais cela ne risque pas de vous arriver ! Vous rencontrez des difficultés que vous ne manquez pas de raconter par le menu et de rendre épiques, quitte à les amplifier. À vos yeux, cela suscite de l'attention et vous rend intéressant. « Incroyable, il n'y a qu'à moi que cela arrive », « Tu ne devineras jamais ce qui m'est encore arrivé », « Avec moi, c'est toujours comme cela, cela vire mal », « Tu ne peux pas savoir ce qu'il m'a encore fait », « Il m'arrive toujours des histoires pas possibles ». Cela fait peut-être rire vos amis. À la longue, cependant, cela va finir par les lasser. Et vous, à force de jouer la star de la catastrophe, vous allez attirer à vous complications sur complications. Je ne pense pas que c'est ce que vous souhaitez véritablement. Repos ! Vous n'avez pas besoin de jouer les stars de pacotille. Vous êtes vous-même, unique, parfaitement digne d'intérêt et d'amour tel que vous êtes, sans en faire des tonnes.

8

JE ME LIBÈRE DE MES VALISES ÉMOTIONNELLES

Il ne vient à l'idée de personne de partir en voyage avec des bagages si lourds que le périple tournerait vite au cauchemar. Ce qui serait un non-sens quand, précisément, il s'agit de profiter de ce voyage. C'est pourtant ce que font la majorité des gens en ce qui concerne leur vie quotidienne. Notre vie sur terre est un fantastique voyage. Que de choses à découvrir, à explorer, à expérimenter, qui nécessitent toute notre attention, toute notre disponibilité, toute notre énergie !

Si vous êtes habité par une foule d'émotions négatives et de rancœurs, elles pèsent lourd, très lourd, chaque jour. Elles entravent votre aisance, elles réduisent votre mobilité, elles vous interdisent d'accéder à certaines possibilités.

Il serait plus sage d'alléger vos valises émotionnelles. Ensemble, ouvrons ces bagages que vous transportez depuis si longtemps et qui plombent votre vie. Voyons tout d'abord les causes de ce remplissage à ras bord.

Vous avez été bébé, puis enfant, puis adolescent. L'influence de votre mère, de votre père et des membres de votre famille a été prépondérante. Pour approfondir les mécanismes de cette influence et apprendre à la gérer au mieux, je vous invite à lire deux ouvrages que j'ai écrits sur ce sujet : *Cette famille qui vit en nous* et *Vivre mieux grâce à la psychogénéalogie*[1].

Même si vous avez grandi au sein d'une famille unie et aimante, il y a forcément eu des moments où vous vous êtes senti frustré, incompris, malheureux. Si votre famille était moins harmonieuse, si vos parents ne s'entendaient pas ou avaient une personnalité difficile, vous pouvez avoir beaucoup souffert de n'avoir pas été aimé comme vous le souhaitiez. Vous pouvez aussi avoir eu une relation conflictuelle avec votre mère ou avec votre père, voire avec vos deux parents. Ou encore n'avoir pas connu votre père. Vous pouvez, enfin, avoir été tiraillé entre deux parents qui se faisaient tout le temps la guerre. Parfois, c'est votre place dans la fratrie, vos relations avec vos frères et sœurs qui vous ont posé problème. Peut-être avez-vous été violenté ou abusé sexuellement, épreuve considérable qui nécessite toujours un immense travail sur soi pour se reconstruire.

En tant qu'adulte, vous avez pu traverser des crises qui vous laissent, encore aujourd'hui, des sentiments amers : un divorce, une rupture affective, une relation extraconjugale de votre conjoint, des conflits avec votre belle-famille, des difficultés

---

1. *Cette famille qui vit en nous – Nous sommes tous les enfants de notre enfance*, Robert Laffont, 1996, rééd. Marabout ; *Vivre mieux grâce à la psychogénéalogie – Comment donner du sens à notre histoire pour devenir nous-mêmes*, Robert Laffont, 2011.

au travail, un licenciement auquel vous ne vous attendiez pas, une longue période de chômage, des problèmes financiers, une mésentente avec vos enfants, une longue amitié qui s'est mal terminée, un créancier qui ne vous a pas remboursé, une personne qui vous a escroqué, un héritage où vous vous êtes senti lésé, un accident ou une maladie qui vous a profondément affecté.

Tous ces événements ont alourdi vos valises et vous traînez avec vous des émotions négatives qui vous handicapent gravement. Il y a d'abord vos sentiments envers les autres, toutes les personnes qui vous ont fait souffrir. Que de colères emmagasinées, de ressentiments accumulés, de frustrations entassées… Que de sentiments d'injustice, de tristesse profonde, d'impuissance, d'échec… Que de haine aussi – n'ayons pas peur des mots –, de rage et de fureur, de désir de vengeance plus ou moins avoué… Et cette liste est, malheureusement, loin d'être exhaustive.

Pourquoi ces émotions négatives sont-elles si lourdes à porter ? En premier lieu, chacun de nous filtre et interprète la réalité quotidienne en fonction de ses pensées et de ses affects. En second lieu, les événements qui nous arrivent, les relations que nous forgeons, qu'elles soient affectives, familiales, professionnelles ou autre, sont conditionnés par ce que nous pensons et ce que nous ressentons au fond de notre cœur. Autrement dit, la vie confirme nos théories et vérifie nos convictions, nous confortant dans le sentiment d'avoir raison. Par exemple, si vous avez de la haine en vous, vous allez projeter cette haine dans votre quotidien, sur les personnes de votre entourage. Et cette haine va attirer des relations ou des événements qui vont lui correspondre.

Danièle a vécu une relation très difficile avec son père, un homme autoritaire, colérique, violent, qui ne lui témoignait aucune affection, la mettait plus bas que terre, la frappait souvent. Danièle était terrorisée par cet homme et nourrissait une profonde haine envers lui. Encore aujourd'hui, alors qu'il est décédé, elle estime qu'il a gâché son enfance et une partie de sa jeunesse. Elle lui en veut énormément. En toute logique, Danièle a toujours eu des conflits avec ses différents patrons masculins, sur lesquels elle projette l'image de son père. Malgré son désir de construire une famille, aucune de ses relations amoureuses ne s'est concrétisée par une liaison durable. Elle préfère des hommes plus jeunes car elle se sent moins en danger. Elle choisit, en fait, des compagnons immatures. Aucun de ses amoureux ne s'est montré prêt à s'engager dans une relation à long terme ni à devenir père.

Que faire pour alléger vos valises émotionnelles ? Pour arrêter de souffrir d'avoir souffert ? Vous ne pouvez pas changer le passé. Mais vous pouvez changer les conséquences négatives du passé en vous. Vous pouvez guérir de ce que vous avez vécu et vous ouvrir de nouveau à la vie.

Reprenons l'exemple de Danièle. Même si elle n'en a pas conscience, la haine qu'elle porte à son père l'handicape gravement, aussi bien dans sa vie professionnelle que dans sa vie affective. Elle m'a contactée pour commencer un travail sur elle. Il ne s'agit nullement qu'elle renie sa souffrance. Elle m'en parle, l'exprime, au lieu de la garder enfouie en elle.

Ensuite, elle doit comprendre pourquoi son père, Jean, agissait ainsi avec elle. Son père n'est pas seulement son père. Il a été lui aussi un enfant, puis un adolescent, puis un adulte. En l'occurrence, Jean a perdu son père quand il avait deux ans. Sa mère s'est remariée et a eu deux autres enfants. Jean n'a pas reçu d'affection de son beau-père, qui ne prêtait attention qu'à son fils et à sa fille. La mère de Jean, ne voulant pas contrarier son second mari, n'était pas non plus très maternelle ni attentionnée avec son fils. Jean s'est senti comme le vilain petit canard de la famille. Il s'est vécu comme laissé pour compte, puis rejeté, puis humilié. Jean ne s'aimait pas. Ne s'aimant pas, il était incapable d'aimer les autres. Comme beaucoup de personnes autoritaires et violentes, il n'était pas sûr de lui et se montrait incapable de construire une véritable relation affective, aussi bien avec sa femme qu'avec sa fille. De plus, il n'avait aucun modèle pour être père lui-même. Danièle comprend et assimile petit à petit que son père était malade psychologiquement. Personne n'en veut à un diabétique ou à une personne paralysée d'être malade. Mais on imagine généralement qu'un névrosé pourrait agir différemment, que tout est de sa faute, qu'il le fait exprès, que ses actes sont volontaires alors qu'ils ne sont que le prolongement de son histoire. En retraçant le passé de son père, en comprenant ce qu'il a vécu, Danièle commence enfin à se libérer de sa haine.

L'étape suivante consiste, pour Danièle, à se réapproprier son histoire au lieu d'en être victime. Certes, cela a été douloureux pour elle d'avoir ce père. Mais, peu à peu, elle réalise qu'il avait quand même des qualités. Il adorait jardiner. Danièle a la main verte et entretient chez elle de magnifiques plantes qui lui donnent beaucoup de joie et font l'admiration de ses amis. Il aimait lire. Danièle est une fidèle de la bibliothèque de son quartier. Il était très sérieux dans son travail. Danièle, malgré ses anicroches avec ses différents patrons, prend sa profession très à cœur et est heureuse au bureau. À sa grande surprise, elle découvre que son père lui a transmis certaines valeurs positives qui l'ont structurée. Finalement, elle réalise que cette relation difficile avec son père lui a permis d'évoluer d'une certaine façon. Comme l'ambiance à la maison n'était pas chaleureuse, elle a fait très tôt des séjours linguistiques en Angleterre et en Espagne, ce qui fait qu'elle est trilingue et qu'elle y trouve beaucoup d'avantages. Après le bac, elle est « montée » à Paris où elle a fait des études brillantes. Elle réalise que si son père ne lui a pas donné l'affection qu'elle souhaitait, il a quand même contribué à sa réalisation, ne serait ce qu'en finançant ses séjours à l'étranger et son cursus universitaire. Elle prend aussi conscience que le fait d'avoir voulu quitter rapidement la maison familiale lui a donné des aptitudes qu'elle apprécie : son indépendance, son autonomie, son adaptabilité.

La semaine dernière, Danièle m'a téléphoné en devançant son rendez-vous de consultation pour m'annoncer une très bonne nouvelle. Son patron l'a convoquée dans son bureau : « Nous travaillons ensemble depuis trois ans. Au début, vous aviez vraiment un fichu caractère. Mais je trouve que nos relations se sont beaucoup améliorées depuis quelques mois. Et j'ai toujours apprécié la qualité de votre travail. Je souhaite ouvrir une nouvelle agence à Barcelone. Je vous propose de la diriger. Qu'en pensez-vous ? » Danièle a accepté cette promotion avec grand plaisir. En se libérant peu à peu de la haine de son père grâce à son travail psychologique, sa relation avec son patron s'est grandement améliorée. Elle souhaite maintenant être à même de pouvoir rencontrer un compagnon, mature et responsable, avec lequel elle se sente en harmonie pour une relation durable et construire une famille.

9

J'APPRENDS À ÊTRE EN PAIX AVEC MOI-MÊME

La plupart des gens ne s'aiment pas. S'aimer, ce n'est pas se prendre pour la huitième merveille du monde. Nous ne sommes pas parfaits, ni vous, ni moi ! Nous avons tous des qualités et des défauts. Mais chacun de nous est unique. Personne sur terre n'est semblable à vous. Vivre, c'est exprimer votre personnalité spécifique et réaliser vos talents d'une façon qui vous est particulière. S'aimer, c'est être en paix avec soi-même.

Peut-être n'en avez-vous pas conscience, mais, généralement, vous vous critiquez sans cesse. En votre fort intérieur, tout au long de la journée, vous vous donnez des noms d'oiseaux : « Quelle idiote », « Quel imbécile », « Quelle nulle », « Quel crétin », « Quelle cloche », « Quel c… ». Vous vous reprochez d'avoir agi comme vous l'avez fait : « J'aurais dû », « Je n'aurais pas dû », « Je ne sais pas m'y prendre », « Je n'ai encore pas su quoi répondre, comme d'habitude », « J'ai été ridicule ».

Souvent, vous n'aimez pas votre physique : « Quelle tête j'ai ce matin », « Oh lala, qu'est-ce que je suis moche », « Je vieillis à la vitesse grand V », « Oh, ma cellulite, c'est horrible », « Impossible de me mettre en maillot », « J'ai des cheveux épouvantables », « Je n'ai pas assez de poitrine », « J'ai trop de poitrine », « Je suis trop petite », « Je suis trop grande », « J'ai de la bedaine », « Je suis chauve ».

Au quotidien, vous n'avez pas confiance en vous : « Je ne suis pas douée », « Ce n'est pas pour moi », « C'est au-delà de mes compétences », « Je n'y arriverai jamais », « Parler à une réunion, c'est une horreur », « Les autres vont se moquer de moi », « Je suis un vrai panier percé », « Au lit, je ne suis pas une affaire », « Je ne dois pas être une bonne mère », « Je suis nul avec les femmes », « Je ne suis pas un bon père ».

Certains d'entre vous ont même développé un véritable *bourreau intérieur* qui les harcèle et les fustige constamment. Vous estimez alors, tour à tour, que vous n'en faites jamais assez, que vous auriez pu mieux faire, que vous n'êtes pas à la hauteur, que vous ne valez rien. Vos mots d'ordre sont « Il faut », « Je dois ». Vous vous imposez une foule de contraintes. Vous vous soumettez à un emploi du temps infernal. Vous ne prenez jamais le temps de souffler ni de vous détendre. En aucun cas, vous ne traiteriez vos amis comme vous vous traitez. Vous êtes devenu votre pire ennemi.

Se critiquer, douter de soi, se mettre la pression n'est absolument pas naturel. Vous n'êtes pas né ainsi. Quand vous étiez enfant, vous étiez plein de vie, de curiosité et d'enthousiasme. Quand vous avez appris à marcher, chaque jour vous suiviez votre envie de vous déplacer debout sur vos deux jambes, sans vous poser la moindre question. Vous avez recommencé, recommencé encore, recommencé inlassablement, jusqu'à parvenir à votre but, ravi de l'atteindre. Vous ne vous êtes jamais dit : « Je ne vais pas y arriver » ou « Les autres vont rire de moi ».

C'est en grandissant que les choses se sont gâtées et que vous avez commencé à vous critiquer et à douter de vous. Vos parents ont fait du mieux qu'ils ont pu. Mais, la plupart du temps, ils ne vous ont pas donné confiance en vous. Généralement, ils n'avaient pas eux-mêmes confiance en eux, et encore moins en la vie. En cela, ils reproduisaient l'influence de leur propre enfance et adolescence. Votre mère, votre père, se sont généralement fait beaucoup de soucis à votre sujet, ce qui n'a guère été sécurisant pour vous. Ils avaient peur de rater votre éducation, que vous « tourniez mal », que vous ne réussissiez pas dans la vie. Ils vous ont fait beaucoup de reproches, dans l'espoir que vous donniez le meilleur de vous-même. Ils voulaient que vous soyez bien élevé et que vous travailliez bien en classe.

Beaucoup d'éducations ont été fort rigides, mettant la barre très haut. C'est alors que s'est constitué, peu à peu, ce fameux bourreau intérieur qui vous empêche d'être vous-même. Vous n'étiez jamais félicité. Il fallait toujours faire mieux, toujours faire plus, rien n'était jamais assez : « Ne te repose pas sur tes lauriers », « Il faut toujours se donner beaucoup de mal », « C'est le travail acharné qui fait la réussite ».

L'école n'a souvent rien arrangé. Si vous ratiez un devoir ou une interrogation, c'était que vous étiez incapable d'attention, ou plein de paresse, ou stupide. Bref, vous ne faisiez pas le poids. Vous avez appris à vous angoisser à propos de vos résultats scolaires et de vos examens. Vous avez appris également à vous comparer aux autres, à travers les notes et les classements. Vous avez parfois essuyé des moqueries ou des réflexions acerbes de vos camarades.

Enfin, la morale judéo-chrétienne et ses principes, souvent mal compris, continue d'imprégner largement notre éducation. « Ne te mets pas en avant », « Sois modeste », « Sois humble », « Laisse les autres parler », « Ne sois pas prétentieux », « Tu te prends pour qui ? »

Stop ! Au lieu de vous maltraiter, appelez-vous intérieurement « mon chéri » ou « ma chérie » ou tout autre mot doux à votre convenance. Cela vous fait sourire ? Essayez dès aujourd'hui. Vous verrez très rapidement que c'est radical pour commencer à vous aimer. Donnez-vous de la gentillesse et de l'affection. Sachez rire de vous-même avec tendresse au lieu de vous juger avec sévérité.

Soyez vigilant à chaque fois que vous vous critiquez. Comme pour vos pensées et vos affects négatifs, vous n'êtes pas obligé de cultiver cette habitude pernicieuse. Vous pouvez très bien vous dire : « Cela me reprend, j'arrête », « Cela suffit, je me fais confiance maintenant », « La vie m'aide dès aujourd'hui à réaliser ce que je souhaite ».

Il est également très utile d'apprendre à vous féliciter. C'est une excellente habitude, le soir, de vous remercier d'être vous-même et d'avoir accompli tout ce que vous avez réalisé, même si vous

vous êtes accordé enfin du repos. Cela vous permettra aussi de savoir féliciter les autres et reconnaître leurs qualités. Contrairement à ce que l'on vous a enseigné, il n'y a pas de meilleur moyen pour faire se dépasser un enfant ou un adulte que de le féliciter... La satisfaction d'être reconnu donne immédiatement confiance en soi et suscite une envie naturelle de progresser.

étape 3

J'utilise les outils du changement

étape 3

10

JE CHOISIS DE VOIR LE VERRE À MOITIÉ PLEIN

Il y a quelques semaines, une amie m'a téléphoné : « Je t'ai souvent parlé des X. que nous apprécions beaucoup. Ils ont été très pris car ils ont déménagé. Ils font un barbecue dimanche en huit, et ils seraient ravis de faire ta connaissance. Es-tu disponible pour venir avec nous ? Tu verras, leur nouvelle maison est splendide. » J'ai passé un moment très agréable chez ces amis d'amis qui m'ont accueillie fort gentiment. La maîtresse de maison m'a fait l'amitié de me montrer sa nouvelle demeure. Elle a un goût exquis et tout est superbe : l'espace, vaste et baigné de lumière, les couleurs, le mobilier, l'aménagement. Un paradis terrestre. Cette maison pourrait figurer dans un magazine de décoration haut de gamme. Pourtant, cette dame, charmante au demeurant, n'a cessé de critiquer chacune des pièces avec force détails. C'était toujours trop, ou pas assez, ou cela aurait pu être autrement. Elle habitait un endroit magnifique mais ne semblait pas l'apprécier vraiment.

Vous trouvez que cette femme exagère ? À sa place, vous seriez comblé ? Demandez-vous sincèrement si vous n'avez pas vous aussi tendance, dans votre vie de tous les jours, à adopter la même attitude ! Très souvent, vous voyez le verre à moitié vide au lieu de considérer le verre à moitié plein. Prenons quelques exemples.

Votre fils est très doué en mathématiques et en sciences mais il est plus faible dans d'autres matières. Vous vous lamentez sur ses mauvaises notes en français au lieu de vous réjouir de ses excellents résultats ailleurs.

Vous et vos enfants comptez beaucoup pour votre mari. Il travaille dur pour que sa famille bénéficie d'une certaine aisance. C'est un père attentionné et tendre. Quand son emploi du temps le lui permet, il fait des travaux dans la maison pour l'améliorer. Vous lui reprochez pourtant de n'être pas assez romantique et de ne pas vous exprimer davantage ses sentiments amoureux.

Vos voisins viennent d'acheter une nouvelle voiture. La vôtre est plus ancienne mais elle fonctionne encore très bien. Mais voilà que vous vous attristez de ne pas avoir les moyens financiers de changer de véhicule dans les mois qui viennent.

Certaines personnes préfèrent voir le verre à moitié vide de peur de souffrir. Là aussi, les exemples sont nombreux…

Michèle attend la réponse d'un futur employeur. Elle a un C.V. parfait pour le poste et elle a déjà été sélectionnée pour trois entretiens préliminaires, qui se sont très bien passés. On lui a laissé entendre, au dernier rendez-vous, qu'elle avait toutes les chances d'être choisie. Son amie la félicite : « Qu'est-ce que je suis contente pour toi ! » Mais Michèle préfère ne pas se réjouir avant l'heure : « Comme cela, je ne serai pas déçue. »

Gérard déclare : « Je préfère prévoir le pire, comme cela je m'évite bien des déconvenues ».

Véronique explique : « Je suis pessimiste de nature. C'est de famille. Ma mère me disait toujours que la vie est difficile, qu'il faut se méfier des autres, qu'il ne faut pas se réjouir trop vite car c'est vendre la peau de l'ours avant de l'avoir tué, que cela porte malheur de dire que l'on est heureux. »

Examinons maintenant cette tendance au pessimisme à l'aune de notre pouvoir de co-création. Ce sur quoi nous focalisons notre attention s'amplifie. C'est une loi psychologique et spirituelle. Si vous vous obnubilez sur le verre à moitié vide, il va devenir immanquablement de plus en plus vide. À l'inverse, si vous décidez de voir le verre à moitié plein, il va se remplir et se remplir encore, jusqu'à déborder d'abondance.

Si le choix du pessimisme est pour vous une manière de vous protéger, n'oubliez pas que, par cette attitude, vous vous interdisez vous-même toute joie, tout enthousiasme, toute passion. Cela ne va nullement vous apporter la sérénité, mais une morne plaine intérieure. Vous serez triste, maussade, sans énergie, comme anesthésié. Par ailleurs, vous allez forcément faire fuir le bonheur en cultivant la négativité dans votre tête et votre cœur.

Reprenons l'exemple de Michèle. Quand le responsable de la société où elle postulait lui a annoncé, au cours de son dernier entretien, qu'elle avait toutes les chances d'être embauchée, il s'attendait à percevoir chez elle de la joie, de la satisfaction, une petite lumière dans ses yeux. Compte tenu du pessimisme de Michèle, il est très probable qu'il n'en a rien été… Or, un employeur aura tendance à préférer quelqu'un qui sache montrer sa motivation à la perspective de travailler dans son entreprise.

Il y a peu de chances également pour que Gérard et Véronique attirent dans leur vie des événements agréables et des relations épanouies, avec des personnes positives, dans la mesure où ils n'y croient pas eux-mêmes.

Vous attendez une réponse que vous espérez favorable ? N'hésitez pas à vous réjouir et à maintenir votre état de conscience dans une expectative confiante et joyeuse. Vous émettez alors dans l'univers une vibration de bonheur et d'enthousiasme. Et vous recevez ce que vous émettez. C'est une autre loi de la vie. Mais ne cherchez pas à anticiper précisément la forme de ce retour. Par exemple, vous espérez une bonne nouvelle et c'est tout le contraire qui arrive… C'est normal que vous soyez déçu. Si vous avez envie de pleurer, de râler, de vitupérer, faites-le. Mais, s'il vous plaît, n'en restez pas là. Utilisez votre pouvoir de co-création et gardez confiance. Si ce que vous attendiez ne s'est pas produit, c'est parce qu'il y a une meilleure solution. Elle ne manquera pas d'arriver, à condition que vous ne lui fassiez pas barrage par vos regrets, vos peurs et vos doutes.

Annick et Claude veulent déménager et devenir propriétaires. Après avoir effectué des dizaines de visites, ils ont enfin trouvé la maison de leurs rêves. Ils sont ravis, échafaudent plein de projets et ont du mal à s'endormir. Ils ont rendez-vous le lendemain à dix-huit heures pour signer la promesse d'achat, sous réserve de l'obtention d'un crédit – mais leur banque leur a déjà signifié qu'ils n'auraient aucun problème pour l'obtenir. À midi, l'agent immobilier les appelle en catastrophe : « Je suis désolé. Un confrère a présenté un acquéreur qui peut payer comptant, la maison n'est plus en vente depuis ce matin. » Comme vous vous en doutez, Annick et Claude n'ont pas passé une excellente fin de journée. Pour se consoler, ils sont allés dîner au restaurant en amoureux. À la fin du repas, ils ont décidé de se ressaisir. « Ce n'est pas la fin du monde, il y a bien pire comme problème, continuons de chercher » déclare Claude. « Rien n'arrive par hasard, il y a certainement une raison pour laquelle nous n'avons pas pu acheter cette maison », répond Annick. « Tu as raison, ne nous laissons pas polluer par la déception. N'y pensons plus, tournons la page. Concentrons-nous sur notre désir de trouver l'endroit idéal pour nous et gardons confiance », affirme Claude.

Je suis sûre que vous devinez ce qui est arrivé... Annick et Claude ont trouvé, au bout d'un mois, une autre maison, encore plus agréable que la première et un peu moins chère. L'attitude positive qu'ils ont su opposer au lieu de s'enfermer dans leur déception a contribué à ce succès.

11

JE CULTIVE LA GRATITUDE

Vous avez tous connu des pannes d'électricité. Soudain, plus de lumière, plus de chauffage si c'est l'hiver, plus de réfrigérateur ni de congélateur, plus d'appareils électriques, plus de répondeur, plus de télévision, bientôt plus d'ordinateur ni de téléphone quand les batteries seront déchargées. Toutes vos habitudes se trouvent bouleversées. Vous êtes désemparé car vous vous sentez d'un seul coup bien limité. Toutefois, dès que le service est rétabli, vous n'y pensez plus et vous reprenez vos activités coutumières.

C'est pareil dans votre existence. Comme l'eau et l'électricité que vous avez à votre disposition et utilisez quasi automatiquement, vous bénéficiez, ici et maintenant, d'une foule de choses extraordinaires dont vous n'avez pas conscience. Cela vous semble tout naturel et vous ne pensez même pas à vous en émerveiller...

Pour co-créer votre vie, il est cependant essentiel de cultiver la gratitude. Quand vous avez des enfants, vous leur apprenez à dire merci. « Qu'est-ce que tu dis ? », « Merci », « Merci qui ? », « Merci Maman », « Merci Papa ». Cela vous paraît la plus élémentaire politesse. Cela vous paraît également la base de l'échange et de la convivialité. Si quelqu'un est gentil avec vous, ou prend soin de vous, ou vous aide d'une manière ou d'une autre, la moindre des choses est de le remercier en retour. Vous exprimez ainsi votre plaisir, votre satisfaction et votre reconnaissance. Mais n'oubliez pas que vous faites aussi circuler une énergie bénéfique entre vous et la personne remerciée, qui apprécie votre attitude et sera heureuse d'avoir pu vous être agréable.

Prenez l'habitude, comme vous le faites chaque jour dans les échanges avec les autres, de remercier la vie. Généralement, vous vous focalisez sur vos préoccupations et vous oubliez tout ce qui va bien, voire très bien.

Lorsque vous étiez enfant, peut-être avez-vous eu la chance que vos parents ou vos grands-parents vous consolent, avec amour et sagesse, quand vous vous étiez fait un bobo. « Montre-moi, je vais souffler dessus, tu vas voir, cela va aller mieux. » Si vous continuiez à sangloter, votre consolateur vous touchait gentiment une autre partie du corps que celle qui était blessée : « Tu n'as pas mal là ? Là non plus ? Là non plus ? » Votre attention se centrait ailleurs. Cela finissait par des rires et un gros câlin.

Vous avez grandi et vos problèmes actuels sont sans doute plus lourds que vos « bobos » d'enfant. Il se peut que vous traversiez en ce moment des difficultés personnelles, familiales, professionnelles. Mais tout est loin, très loin, d'être catastrophique dans votre vie. Et heureusement… Alors, est-ce que cela ne mérite pas que vous vous arrêtiez aussi sur ce qui va bien ?

Un exercice particulièrement utile au réveil consiste à remercier pour cette journée qui vous est donnée. Faites la liste de tous les cadeaux dont vous bénéficiez, ici et maintenant. Et ils sont nombreux. Vous êtes en bonne santé ? Quelle chance ! Vous avez un chez-vous confortable ? Ce n'est pas le cas de tous les habitants de la planète, y compris dans un pays riche comme la France… Vous avez un travail ? C'est un privilège par rapport à beaucoup de gens qui sont au chômage… Vous avez des revenus qui vous permettent de satisfaire vos besoins ? Quel bonheur… Si vous vivez actuellement une situation plus précaire, que vous êtes à la recherche d'un emploi, d'un toit ou de ressources financières supplémentaires, il y a quand même des choses pour lesquelles vous pouvez remercier, ici et maintenant. Cet état d'esprit et de cœur vous permet de rester actif et positif. C'est fondamental. Ainsi, par votre attitude, vous vous ouvrez à des opportunités et des solutions que vous n'auriez pas vues en vous enfermant dans le découragement et le pessimisme. Remerciez aussi pour tous les êtres qui vous entourent et qui sont chers à votre cœur : les membres de votre famille, vos amis, vos relations et, si vous en avez, vos animaux domestiques. Ce peut être aussi des personnes anonymes que vous allez rencontrer et qui vont éclairer votre journée par un sourire, une gentillesse.

Un autre exercice fort utile consiste à remercier en vous endormant pour toutes les bonnes choses que vous avez vécues dans la journée, sur tous les plans. Car chaque jour est une occasion de découvrir, d'apprendre, de comprendre, de partager, d'aimer.

Quand vous aurez le temps – mais prenez-le, ne remettez pas cela aux calendes grecques –, faites la liste de toutes les chances et de tous les bonheurs dont vous avez bénéficié depuis votre conception et votre naissance. Cela vous paraît bizarre, inutile, fastidieux ? Pourtant, à longueur d'année, vous n'hésitez pas à énumérer toutes les frustrations et les tracas que vous avez vécus. Recenser vos déboires ne vous pose aucun problème... Ce serait bien, pour une fois, d'inverser la vapeur ! Vous allez être surpris de découvrir que vous avez reçu beaucoup de cadeaux de la vie...

Cultiver la gratitude peut se faire de différentes manières. En premier lieu, vous pouvez dresser la liste de toutes vos qualités et aptitudes. Même si cela vous semble difficile au début, persévérez. Vous en avez beaucoup plus que vous ne le pensez a priori ! Si vous vivez en couple, faites la liste des qualités de votre conjoint. Si vous êtes parent, faites la liste des qualités de vos enfants, voire de vos beaux-enfants. Ils en ont toujours, même quand ils sont en pleine rébellion adolescente ! Faites aussi la liste des qualités de vos deux parents et des membres de votre famille. Et celles de votre patron et de vos collègues de travail. Puis celles de vos amis.

Grâce à tous ces exercices, vous allez prendre l'habitude de remercier et de vivre dans la gratitude. En fait, la gratitude est un état, un état d'esprit, un état du cœur, un état de grâce. Au lieu de vous lamenter pour tout ce qui ne va pas, vous allez vous ouvrir enfin à tout ce qui va bien. Au lieu de considérer comme allant de soi tous les cadeaux que la vie vous fait, vous allez prendre conscience de votre chance et remercier l'univers de ses bienfaits. Vous allez vous surprendre, au cours de la journée, à vous réjouir à propos d'une foule de détails auxquels vous ne prêtiez pas attention auparavant. C'est un peu comme si vous réveilliez soudain d'un long endormissement ! La vie va vous apparaître beaucoup plus savoureuse, beaucoup plus agréable, beaucoup plus joyeuse. Si vous avez des difficultés, elles vont s'en trouver allégées car vous allez les considérer autrement et les régler différemment. Elles ne seront plus jamais l'arbre qui cache la forêt.

12

JE PENSE POSITIVEMENT

Penser positivement va transformer votre vie. Il se peut que vous traversiez une période difficile : maladie, chômage, difficultés financières, séparation, deuil, perte d'une maison. À moins d'être masochiste, personne n'aime a priori les problèmes ! Pourtant, plus vous haïssez le problème que vous avez, plus vous le renforcez et plus vous en devenez prisonnier. Penser positivement vous permet d'appréhender différemment votre problème, de le vivre autrement, de le gérer et de le résoudre dans les meilleures conditions. Si vous veillez à maintenir un état de conscience positif durant cette épreuve, des éléments bénéfiques pour votre vie peuvent en découler.

Une de mes patientes a eu un cancer dont elle est aujourd'hui guérie. Quand le médecin lui a annoncé le diagnostic, elle a fondu en larmes. Elle a été bouleversée pendant quelques jours puis elle a rapidement réagi positivement. Elle a suivi son traitement de chirurgie, de chimiothérapie puis de radiothérapie avec confiance et patience. Malgré le choc de l'opération, la fatigue, la perte de ses cheveux, elle n'a pas cédé à la colère, à la tristesse, au découragement, au pessimisme. Elle ne s'est jamais enfermée dans sa souffrance. Elle a même noué de nouvelles amitiés lors de ses soins à l'hôpital. Une fois son traitement terminé, elle a décidé de faire un travail sur elle. Voici ce qu'elle exprime aujourd'hui : « Ce cancer a constitué pour moi une véritable sonnette d'alarme. Je ressens maintenant que cette épreuve a été une grande chance. Grâce à cette maladie, je me suis enfin décidée à me prendre en main et à faire une psychothérapie. J'ai réalisé que mes blocages psychologiques m'empêchaient d'être heureuse et de savourer pleinement la vie. J'ai reçu une éducation très rigide. Je n'avais pas confiance en moi. Je me critiquais tout le temps. J'étais timide, effacée, inhibée. Je n'osais pas téléphoner à mes amis de peur de les déranger. Je n'osais pas recevoir chez moi de peur de ne pas être à la hauteur. J'étais en train de me tuer à petit feu. Cette épreuve et mon travail psychologique m'ont permis de renaître à moi-même. Maintenant, je suis en paix avec moi, j'ose faire plein de choses qui me passionnent, j'ai des amis qui me sont précieux et je trouve que la vie est une expérience fantastique. »

Mais comment penser positivement quand on doit faire face à un problème ?

La première étape consiste à refuser de vous sentir victime d'un funeste sort. Une telle attitude ne vous aidera pas à régler votre problème et, au contraire, elle ne va pas manquer de l'amplifier.

Il est inutile également de culpabiliser. Regretter le passé ne sert à rien. Si vous estimez que vous avez commis une erreur, sachez tirer un enseignement de cette erreur au lieu de vous lamenter sur ce que vous n'avez pas fait ou que vous auriez pu faire. Nous commettons tous des erreurs. Car c'est en vivant que nous apprenons à vivre. L'important est d'en tirer les leçons pour notre présent et notre futur.

La seconde étape consiste à vous faire confiance et à faire confiance à la vie. Concentrez-vous sur la solution et non sur la difficulté. Concentrez-vous également sur ce que cette difficulté est en train de vous faire découvrir et de vous enseigner.

Écoutons Laure, une autre patiente : « Mon premier mariage a été une catastrophe. J'ai choisi, non sans mal, de divorcer et cette période a été très pénible car mon mari ne voulait pas en entendre parler. Aussitôt après, j'ai décidé de faire un travail sur moi. Je voulais comprendre pourquoi je m'étais trompée à ce point et surtout ne pas recommencer avec quelqu'un d'autre ou, pire, m'enfermer à vie dans la haine des hommes ! Je suis maintenant très heureuse avec André… C'est ce premier échec qui m'a permis de réaliser que je répétais inlassablement les conséquences du non-amour de ma mère. Je ne cherchais pas à être aimée, je cherchais à aimer, à donner, à aider, à soutenir. J'étais attirée par qui allait me rejeter et me faire souffrir, comme dans mon enfance. Grâce à ce divorce et à ma psychothérapie, j'ai pu me reconstruire, m'aimer enfin et vivre une véritable relation de couple. Parfois, il m'arrive de remercier en mon for intérieur mon premier mari de m'avoir "offert" la possibilité d'évoluer. »

Voici maintenant ce qu'exprime Jean : « Je suis né dans une famille pauvre. Les fins de mois étaient difficiles et, toute ma vie, j'ai vécu dans la peur de manquer. Pour moi, l'argent était fait pour être thésaurisé et placé au meilleur taux possible. Je ne m'accordais aucun plaisir superflu. J'estimais que c'était du gaspillage. Ma fiancée, exaspérée par ma radinerie, m'a quitté. Un an après, suite au crack boursier, j'ai perdu toutes mes économies. Le même mois, j'ai été licencié. J'étais au bord du suicide. Mon médecin m'a prescrit des antidépresseurs et m'a conseillé de consulter un thérapeute. Au cours de nos entretiens, je me suis dégagé peu à peu du marquage de mon enfance. J'ai changé progressivement ma vision du plaisir, de l'argent, de la richesse et de la sécurité. Je me suis ouvert à la notion d'abondance. Je n'aurais jamais fait tout ce chemin si je n'avais pas connu cet effondrement. Les années ont passé. J'ai un travail qui me plaît, une femme merveilleuse et aimante, un petit garçon adorable. Je profite pleinement de chaque instant de la vie et je suis dans la gratitude. »

Pour vous aider à maintenir un état de conscience positif, les affirmations positives sont des outils très efficaces… Qu'est-ce qu'une affirmation positive ? C'est une petite phrase toute simple, créée par vous et que vous vous répétez quand vos tracas vous assaillent, mais aussi le matin en vous réveillant et le soir en vous endormant. Ces mots ont le pouvoir de s'adresser à votre subconscient, de calmer votre mental et de vous recentrer, au lieu de céder à vos angoisses et de broyer du noir. Premier point, il faut que cette phrase vous convienne et vous plaise. Ensuite, elle ne doit pas comporter de négations car notre subconscient ne les décrypte pas. Si vous dites « Je n'ai plus de soucis », votre subconscient capte « soucis ». Cette phrase doit également comporter l'idée de progression (« je m'ouvre », « de plus en plus ») et de temps (« dès maintenant » ou « dès aujourd'hui »). Enfin, elle doit être un remerciement marquant votre certitude. Selon le terme que vous aimez, vous pouvez remercier « la vie », « l'univers », « l'énergie cosmique », « l'énergie créatrice », « l'intelligence infinie », votre « être intérieur », etc.

Prenons quelques exemples : « Je remercie la vie de m'ouvrir de plus en plus, dès maintenant, à l'énergie d'abondance illimitée de l'univers », « Je remercie l'énergie créatrice de m'ouvrir, de plus en plus, à l'amour véritable et de rencontrer la personne idéale, dès maintenant », « Je remercie l'univers de trouver le travail qui me convient parfaitement, dès aujourd'hui », « Je remercie mon être intérieur de me libérer de plus en plus, dès aujourd'hui, de ma relation avec Untel. Je suis libre. Untel est libre », « Je remercie l'univers de m'ouvrir à la solution idéale, dès maintenant », etc. Les sujets sont infiniment variés, aussi variés que tous les aspects de votre vie.

Attention toutefois à vos affects… Une affirmation positive n'est pas une baguette magique, un abracadabra ou un rituel sorcier. C'est un outil pour vous aider à calmer votre mental et vous permettre d'accéder à un autre plan de réalité, ce que Deepak Chopra appelle « le champ de tous les possibles ». Prenons une image : l'électricité existe mais, si vous ne branchez pas la prise ou que vous ne tournez pas l'interrupteur, vous n'en profiterez pas. Le champ de tous les possibles existe, encore faut-il vous connecter à ce niveau énergétique. Si vous faites une affirmation puis que, une minute après, vous continuez à vous tracasser à l'envi, cela n'a aucune utilité. En revanche, vous pouvez répéter votre affirmation aussi souvent que vous en avez besoin pour vous recentrer. Comme nous l'avons vu précédemment, ressentir positivement, cultiver un état de conscience positif est beaucoup plus important que penser positivement. Mais penser positivement est la première étape du processus.

Penser positivement n'est pas réservé aux moments de crise. Heureusement ! C'est une attitude à développer sans modération, au quotidien, pour changer radicalement votre vie.

Prenons un exemple : vous avez un projet précis. Dans une telle situation, la plupart des personnes ont peur de ne pas assez bien faire, d'être en retard, de ne pas réussir. Ce qui a pour résultat de les stresser, de les handicaper et de les inhiber. Au lieu de vous tracasser, faites de votre mieux et confiez ce projet à l'univers. Sans doute ce concept d'interaction avec l'univers n'est-il pas très facile à concevoir pour des esprits cartésiens, mais fiez-vous à la sagesse populaire, qui est le fruit de l'expérience des êtres humains accumulée au cours des siècles. Elle a ainsi inventé deux très beaux dictons empreints de pensée positive : « Aide-toi, le Ciel t'aidera » et « La nuit porte conseil ». Le soir, avant de vous endormir, remettez à la vie ou à votre être intérieur le projet sur lequel vous êtes en train de travailler, l'entretien que vous allez avoir ou toute autre préoccupation personnelle, professionnelle, familiale. Votre subconscient vous inspirera dans les journées suivantes, parfois dès le lendemain au réveil.

De même, la répétition d'un simple mot positif – « joie », « amour », « bonheur », « abondance », « confiance », « succès », « patience », « paix » – peut beaucoup vous aider. Et la liste est infinie !

Penser positivement, c'est faire confiance à la vie. Si vous faites de votre mieux, si vous maintenez un état de conscience positif et que les choses ne se passent pas comme vous le désirez, il est quasiment certain qu'une solution meilleure va apparaître à un autre moment. J'aime beaucoup ce proverbe portugais : « La vie écrit droit avec des lignes courbes ». C'est tellement vrai !

Penser positivement, c'est également se réjouir de l'abondance et du bonheur des autres. C'est aussi, si on le peut, les encourager à entreprendre et à se réaliser.

13

JE FUIS LA NÉGATIVITÉ

Cultiver la positivité change votre vie. Parallèlement, il est impératif de vous dégager des différentes formes de négativité. Vous ne pouvez maintenir un état de conscience positif en vous « accrochant » à une part de négativité. C'est même impossible.

En premier lieu, commencez par éviter de faire tout seul votre malheur et, par la même occasion, de polluer l'existence des personnes qui vous entourent. Certes, nous avons tous à affronter des problèmes objectifs, comme ceux que nous avons évoqués au chapitre précédent. Mais il y a aussi des problèmes que vous forgez de toutes pièces par une attitude négative ou inadaptée. Ainsi, beaucoup de gens voudraient que leur vie se déroule exactement comme leur névrose, leur ego ou leur mental le désire. De même, ils exigent que les personnes de leur entourage se comportent et agissent comme ils le désirent. Malheur à ceux qui dérogent à leurs *desiderata*. Une telle attitude est pourtant un véritable passeport pour la souffrance.

Prenons l'exemple de Renée, une maman célibataire dont le fils unique, Michel, a été « l'homme de sa vie ». Il y a dix ans, lorsque Michel a décidé d'épouser Lucile, Renée s'est montrée très hostile envers la jeune femme qui avait, à ses yeux, tous les défauts de la terre. Elle répétait inlassablement à son entourage que son fils était sous influence, manipulé, ensorcelé, allant jusqu'à affirmer qu'il ne tarderait pas à s'apercevoir de sa méprise et à divorcer. Mais le couple s'entend toujours très bien et deux enfants désirés ont couronné cette union. Aujourd'hui, Renée se plaint beaucoup de ses déboires. Michel vient la voir une fois par semaine, tout seul. Il n'a plus grand-chose à partager avec sa mère dont les lamentations l'importunent… Renée n'a plus aucun contact avec sa belle-fille ni avec ses petits-enfants. Elle a, hélas !, créé toute seule son problème mais elle n'en a pas conscience. Au contraire, elle met tout sur le dos de sa belle-fille : « Je vous l'avais bien dit, c'est une femme épouvantable. » En fait, à chaque fois que Renée rencontrait Lucile, elle ne pouvait s'empêcher de lui faire des critiques, des reproches, des réflexions désagréables. La moindre réunion de famille tournait au cauchemar. La goutte d'eau qui a fait déborder le vase a été un repas de Noël où Renée a critiqué ouvertement et violemment leur mère auprès des enfants. Après ce déjeuner homérique, Lucile a déclaré à son mari : « Ta mère est ta mère, il est normal que tu la voies. Mais, personnellement, j'ai atteint ma limite et, de plus, je ne veux pas qu'elle monte nos enfants contre moi. »

En second lieu, ne prolongez pas volontairement des situations qui sont toxiques pour vous. La négativité de certaines relations est un poison pour votre équilibre et votre bonheur. Ne vous laissez pas maltraiter. Ayez le courage de vous respecter et de vous aimer vous-même.

Prenons l'exemple d'Aurélie. Elle est folle amoureuse d'un garçon qui la fait beaucoup souffrir. Loin d'avoir un comportement gentil et attentionné avec elle, il la critique, la dévalorise et la met parfois plus bas que terre. Il lui fait des promesses qu'il ne tient jamais, il disparaît soudain sans donner de nouvelles puis revient, au gré de son bon vouloir et de ses désirs sexuels. Au lieu de le quitter, Aurélie s'obstine, persuadée qu'il va changer. Ses amis la mettent en garde, mais elle n'en démord pas. Cette relation l'obsède nuit et jour, sa vie est une alternance de hauts et de bas, de moments d'euphorie suivis de périodes de déception et d'angoisse. Aurélie pleure beaucoup. Elle aurait besoin de faire un travail sur elle pour comprendre pourquoi elle s'accroche à quelqu'un qui ne lui correspond pas, pourquoi elle se complaît dans cette situation négative et douloureuse. Cela lui permettrait d'oser se libérer, sans regret, de cette fascination. Sinon, elle va traverser plusieurs années difficiles et pénibles avant de se rendre enfin compte qu'une rupture est inévitable. Et il lui faudra faire ensuite le deuil de cette relation.

Il n'y a aucune raison de prolonger une relation amoureuse douloureuse par peur de la solitude, par crainte de ne pas rencontrer ou de ne pas « mériter » quelqu'un d'autre, par manque d'estime de soi, ou pour des raisons de marquages et répétitions psychologiques dont il est fondamental de se libérer.

Il y a aussi d'autres formes de négativité qui nuisent à votre bonheur et à votre réalisation.

La plupart des gens ont une habitude tellement ancrée en eux qu'elle en devient une seconde nature: ils critiquent et jugent les autres à tout bout de champ, sans vergogne et à l'emporte-pièce. Comment sortir de ce cercle infernal? En premier lieu, exercez-vous tous les jours pendant une heure à ne critiquer ni une personne ni une situation. Ce n'est pas si facile, mais persévérez... En second lieu, prenez conscience que, si vous aviez vécu ce que la personne que vous condamnez a traversé, vous auriez peut-être un comportement bien plus désagréable.

Autre habitude pernicieuse, beaucoup de gens dépensent chaque jour une énergie considérable à convaincre leur entourage qu'ils ont raison. Et la plupart des échanges virent alors au dialogue de sourd. Chacun parle, personne n'écoute. Au lieu d'asséner vos idées, vos opinions, vos points de vue comme la seule vérité, il serait plus intéressant de vous ouvrir à d'autres façons de penser et de réagir. Nous apprenons beaucoup de l'infinie diversité des personnes que nous côtoyons. Ce qui ne veut pas dire que vous deviez renoncer à vos certitudes ou à ce qui vous tient à cœur.

L'humanité – et l'on ne peut que s'en réjouir – prend conscience aujourd'hui de la pollution que nous faisons subir à notre planète et qu'il devient urgent de prendre des mesures pour ralentir, puis inverser ce processus. Il existe toutefois une pollution tout aussi forte, sinon bien supérieure encore, celle qu'entraîne la négativité sous toutes ses formes. Imaginez ne serait-ce qu'un instant ce que peuvent représenter toutes les pensées négatives, les critiques, les jugements émis dans le monde. Vous avez soudain l'impression d'étouffer ? C'est normal… Nous déplorons tous les guerres et les cortèges d'atrocités qu'elles entraînent. Mais si nous voulons œuvrer pour la paix, le chemin est de commencer à être en paix avec soi-même et avec les autres.

Fuir la négativité implique aussi de ne pas se laisser contaminer par le catastrophisme ambiant. Car la négativité est contagieuse. Heureusement, la positivité l'est aussi… Il est pourtant rare que les chaînes de télévision fassent la une du journal en annonçant des bonnes nouvelles. Gorgés quotidiennement d'informations plus dramatiques et plus alarmantes les unes que les autres, beaucoup de gens finissent par être persuadées que la vie sur terre n'est qu'une vallée de larmes. On pense généralement, en haut lieu médiatique, que le malheur fait vendre. C'est une théorie qui a la vie dure… Pourtant, en 2011, un billion de téléspectateurs ont regardé le mariage du prince William et de Kate Midleton. Cela devrait faire réfléchir les responsables de l'audimat ! Il y a des milliards de bonnes nouvelles, chaque jour, dans le monde. Même si la vie n'est pas toujours un long fleuve tranquille, elle peut être belle et passionnante.

14

JE CALME MON MENTAL

Dans la société occidentale, l'éducation, l'enseignement et la culture favorisent tout ce qui est de l'ordre de l'intellect, du raisonnement et de la logique, et la plupart des personnes vivent dans leur mental. Par exemple, beaucoup de gens n'ont conscience de leur corps qu'en certaines occasions, lors des relations sexuelles, dans la pratique d'un sport ou quand ils éprouvent une douleur physique.

Dès votre réveil et jusqu'à ce que vous vous endormiez, un flot ininterrompu de pensées vous assaillent. La plupart se répètent d'un jour à l'autre. Vous pensez à ce que vous avez à faire, à vos préoccupations et à vos soucis. Vous pensez à ceux qui vous entourent. Vous pensez au passé. Vous pensez au futur. Vous n'êtes pratiquement jamais dans l'instant présent.

Certains d'entre vous ont peur du silence et du moindre instant de solitude. Vous écoutez la radio ou de la musique dès votre réveil, vous continuez dans les transports en commun ou dans votre voiture. Il en est de même le soir. Vous passez des heures, voire une partie de vos nuits, sur Internet, connecté aux réseaux sociaux, aux chats, aux jeux en ligne. Ou vous éteignez votre téléviseur après avoir zappé d'une chaîne à l'autre, juste avant d'aller vous coucher ou parce que vous tombez de sommeil devant votre poste.

« C'est comme si j'avais constamment un petit vélo dans la tête. J'en ai assez, je suis épuisée », me confiait récemment une patiente au téléphone. Car c'est épuisant d'être tout le temps dans son mental. De plus, cela vous enferme dans votre « petit moi ». Ce « petit moi » s'inquiète à tout propos, s'agite dans tous les sens, filtre la réalité selon ses formatages psychologiques et ses expériences, est en constante réaction : « pour » ou « contre », « j'aime » ou « je déteste », « génial » ou « horrible ».

Un exercice tout simple pour changer votre vie, qui ne surchargera en aucune façon votre emploi du temps, consiste à être vraiment à ce que vous faites, tout simplement. C'est une voie royale pour calmer votre mental. Vous conduisez ? Soyez conscient de le faire au lieu d'agir automatiquement en pensant à mille autres choses. Vous êtes dans le bus ou dans le métro ? Concentrez-vous sur ce que vous voyez ou sur le livre que vous avez choisi de lire, sans pensées parasites. Vous faites votre toilette ? Soyez présent. Vous donnez le bain à votre enfant ? Soyez là, ici et maintenant. Vous préparez le repas ? Concentrez-vous sur les légumes que vous épluchez, la cuisine que vous effectuez, les couverts que vous disposez. Vous allez faire des courses au supermarché ? Soyez vraiment là, en chair et en os. En agissant ainsi, vous allez considérablement développer vos facultés d'attention et de concentration. Vous allez reposer votre esprit. Vous allez diminuer notablement votre fatigue et accroître sensiblement votre énergie. Et, plus essentiel encore, vous allez vous connecter à votre être intérieur, ce qui va vous rendre beaucoup plus heureux.

La visualisation est un autre outil efficace pour calmer les assauts du mental. Vous pouvez l'utiliser dans votre vie quotidienne. Si vous n'avez pas beaucoup de temps, prenez juste cinq minutes pour visualiser une image qui vous plaît : un lever ou un coucher de soleil, une plage, la mer, une forêt, une montagne, vos fleurs préférées, un arbre, le ciel, votre couleur favorite, etc. L'essentiel est que vous aimiez ce que vous visualisez et que vous vous sentiez bien à cette évocation. Respirez et détendez-vous, imprégnez-vous de la paix, de la joie, du bonheur que vous apporte ce que vous voyez. Ce sont cinq minutes qui calment votre mental, vous détendent et vous régénèrent. Vous n'en serez que plus efficace ensuite.

Vous pouvez également l'utiliser quand vous vous lancez dans un projet. Par exemple, vous recherchez un appartement ou une maison. Faites une liste de vos priorités concernant le plan, l'exposition, le calme, l'emplacement, etc. Contrairement à ce que l'on explique dans certains ouvrages, il ne s'agit pas de visualiser l'appartement ou la maison de vos rêves dans ses moindres détails. Car, ainsi, vous vous limiteriez au *connu* et réduiriez alors *le champ de tous les possibles*. Il s'agit simplement de vous « ressentir » par avance délicieusement bien dans votre nouveau lieu. Visualiser, c'est cultiver des sensations, des émotions, des sentiments positifs qui vont attirer, comme un aimant, la solution idéale pour vous. Bien sûr, vous pouvez également vous aider en formulant votre souhait sur un mode positif, par une phrase affirmative. Il en va de même pour toute autre forme de projet, comme la recherche d'un emploi, le désir de rencontrer quelqu'un pour construire un couple, le bon déroulement d'un entretien professionnel, la rédaction d'un dossier, un week-end avec votre cher et tendre, des vacances réussies, etc. La technique de visualisation est très efficace et fait d'ailleurs partie de l'entraînement des athlètes de haut niveau.

Vous pouvez aussi avoir recours à la relaxation. Notre cerveau fabrique des ondes alpha quand nous nous détendons, par exemple quand nous sommes confortablement assis ou quand nous marchons tranquillement. Elles sont propices au repos, mais aussi à l'intuition et à la créativité. Nos neurones adorent cela ! Comment faire pour prendre le temps de vous relaxer avec un emploi du temps bien rempli ? Un quart d'heure suffit. Quand vous rentrez du travail, offrez-vous un sas de décompression. Prenez une douche, changez de vêtements. Vous serez plus détendu et plus disponible ensuite pour ceux qui vous sont chers. Si vous aimez la musique, installez-vous dans votre canapé et écoutez véritablement, sans laisser votre esprit s'échapper. Si votre environnement le permet, faites une petite marche pendant votre pause déjeuner, ou dans votre quartier avant ou après le dîner. Certaines personnes préfèrent se lever plus tôt le matin afin de prendre un peu de temps pour elles et elles en retirent de grands bénéfices. Si vous êtes du soir, éteignez la télévision plus tôt (ou enregistrez le programme qui vous intéresse) pour vous accorder un moment de relaxation. Il existe, sur Internet ou sur CD, des séquences de relaxation enregistrées qui peuvent vous guider et vous aider.

Je vous propose ici un exercice tout simple et facile à réaliser. Vous vous installez confortablement. Vous fermez les yeux. Vous respirez tranquillement. Vous détendez votre corps. Vous imaginez une à une les couleurs de l'arc-en-ciel. Vous commencez par le rouge, en visualisant la couleur rouge ou des objets de couleur rouge qui vous plaisent. Ensuite, vous passez à l'orange, puis au jaune, puis au vert, puis au bleu clair, puis au bleu nuit, puis au violet. Vous pouvez vous arrêter là si votre temps est limité. Prenez soin de bien vous étirer et ouvrez tranquillement les yeux. Si vous pouvez prolonger votre relaxation, imaginez un escalier et montez tranquillement les marches en comptant de un à dix. Vous êtes devant une belle porte (vous la choisissez conforme à votre goût). Vous ouvrez cette porte et vous accédez à un jardin, votre jardin intérieur. Laissez libre cours à votre imagination. Ce jardin peut varier d'une relaxation à l'autre. Il peut aussi être le même. Promenez-vous tranquillement, admirez sa beauté, détendez-vous, rechargez-vous. Vous pouvez vous arrêter là. Prenez soin de revenir tranquillement à vous, toujours en vous étirant. Vous pouvez également choisir de continuer. Vous vous asseyez alors sur un banc dans ce jardin intérieur. Vient à vous un être de lumière dont vous ne percevez pas forcément les traits mais dont vous ressentez les vibrations de paix, d'harmonie et d'amour. Prenez votre temps pour vous imprégner de cette douce énergie. Il se peut que cet être de lumière vous délivre un message ou vous offre un cadeau symbolique. Je vous souhaite une merveilleuse relaxation.

15

JE MÉDITE ET C'EST FACILE

Les techniques de relaxation et de visualisation peuvent être envisagés comme des formes de méditation. Cependant, ce que l'on désigne sous le terme de « méditation » est une démarche plus spécifique, qui répond à plusieurs caractéristiques : la posture et l'immobilité, le silence, le non-attachement à ses pensées.

Mais commençons par l'essentiel : à quoi sert la méditation ? Elle permet de ne plus vous identifier avec votre ego, votre personnalité extérieure, et vous connecter directement à votre être profond, à votre *soi*, à votre subconscient, à la vie, à la présence en vous. Elle ouvre votre état de conscience à une dimension au-delà des apparences et des contingences.

Beaucoup de personnes aimeraient méditer mais ne savent pas comment faire. D'autres ont l'impression que la méditation est une pratique très compliquée, nécessitant des postures étranges et des rituels contraignants. D'autres encore pensent qu'elle est l'apanage de cultures différentes ou qu'elle est réservée aux adeptes de certaines religions, comme le bouddhisme. D'autres enfin associent cette pratique à un enrôlement dans une secte.

Méditer, c'est pourtant tout simple. C'est un cadeau que vous vous faites. Pour quelques minutes, vous n'êtes plus dans le *faire* ou l'agitation du quotidien. Vous prenez un peu de temps pour *être*. Votre mental se calme, vos émotions s'apaisent, votre corps se repose et se régénère. Vous accédez à un autre état de conscience. Vous savourez la vie qui s'écoule à travers vous. Vous n'êtes plus séparé. Vous n'êtes plus en réaction. Vous êtes en paix. Vous êtes dans l'unité avec ce qui est. Plus vous allez pratiquer, plus cela vous sera facile de vous connecter à cet état.

Première étape : comment vous installer ? Pour les Occidentaux que nous sommes, la position la plus confortable est tout bonnement de s'asseoir sur une chaise. Vous n'êtes pas là pour vous torturer physiquement mais pour vous faire du bien ! Veillez à ce que votre colonne vertébrale reste droite. Nous avons des centres énergétiques – appelés *chakras* dans la tradition hindoue – tout le long de notre corps. Il est préférable qu'ils soient alignés pour faciliter la bonne circulation des énergies. Pour la même raison, ne croisez ni les bras ni les jambes. Placez vos mains sur vos genoux dans la position qui vous convient le mieux, tranquillement posées ou paumes vers le ciel, en position de réceptivité. Fermez les yeux ou gardez-les mi-clos, selon votre préférence. Vous voyez, ce n'est pas compliqué…

Deuxième étape : faites le silence en vous et autour de vous : évitez d'être dérangé par le téléphone ou par une personne de votre entourage (toutefois, vous pouvez tout à fait méditer en couple, en famille ou avec des amis). Restez dans le calme et dans l'immobilité, pour favoriser la détente, la sérénité et la concentration.

Troisième étape : mettez vos préoccupations au vestiaire et ne vous attachez pas à vos pensées. Votre cerveau, comme lorsque vous vous relaxez, est à son maximum d'activité. Une foule de pensées vont vous traverser l'esprit, surtout au début, quand vous n'avez pas encore l'habitude de pratiquer. On croit souvent que méditer, c'est ne plus penser. Ce qui est biologiquement impossible. Méditer, c'est ne pas s'attacher à ses pensées – ce qui n'est pas du tout la même chose... Pour vous aider, voici un moyen tout simple et très efficace : concentrez-vous sur votre respiration. Ne forcez pas pour ne pas vous mettre en hyperventilation. Respirez tranquillement. Soyez attentif à votre inspiration, à votre expiration, calmement. Laissez passer vos pensées, comme les nuages dans un ciel venté. Ne vous accrochez pas à elles.

Commencez tout doucement. Cinq minutes par jour est un bon début. Très vite, ce qui vous semblait un peu laborieux ou rébarbatif va vous être de plus en plus agréable. Et vous prolongerez tout naturellement ce rendez-vous avec vous-même quand vous en constaterez les bienfaits au quotidien. Ou bien vous ressentirez le besoin de faire plusieurs courtes pauses de méditation dans la journée. « Méditer a changé ma vie », direz-vous avec bonheur.

Apprendre à vos enfants à méditer est un grand cadeau que vous pouvez leur faire. Si votre conjoint est ouvert à cet exercice, méditer en couple est une chance. Cela amplifie les énergies de la méditation elle-même et contribue à vivifier et à approfondir l'union entre deux êtres.

16

JE VIS L'INSTANT PRÉSENT

L'instant présent est notre plus grande richesse. D'ailleurs, dans la langue française, on utilise parfois le mot « présent » pour parler d'un cadeau. L'instant présent est le cadeau que l'univers nous fait.

Malheureusement, la plupart des gens vivent dans le passé ou dans le futur. On se plaint que « le temps file à toute allure », on se dit : « C'est fou, on est déjà en été », « Dans deux mois, c'est Noël, je n'arrive pas à le croire », « Les enfants grandissent à toute vitesse », « Quand je souhaite un anniversaire, j'ai l'impression que je l'ai fait il y a un mois », « Plus j'avance en âge, plus le temps passe vite, c'est incroyable ».

Le passé est, par définition, révolu. Ressasser les frustrations de votre passé ne sert à rien, sinon à vous plomber vous-même, en entretenant pensées et affects négatifs. Une seule chose est utile et constructive pour votre bonheur et votre réalisation : faire un travail sur vous pour vous libérer de ce qui vous fait souffrir et vous bloque, afin de renaître à vous-même.

D'ailleurs, il n'y a pas eu que des personnes difficiles et des événements douloureux dans votre passé. C'est important d'en avoir conscience et de remercier pour tout ce qui a été heureux, positif, épanouissant. Ne vous privez pas non plus de ces délicieuses petites madeleines chères à Proust. Ce sont les bons souvenirs que vous avez en mémoire. Ils peuvent même vous aider quand vous faites des exercices de visualisation ou de relaxation.

Pour changer votre vie, il est essentiel que vous développiez un autre état de conscience. Prenons un exemple : on vous fait un compliment. Vous rougissez, vous êtes gêné, vous avez tendance à l'éluder et à le minimiser, au lieu de remercier et de vous réjouir. On vous fait une critique ou une réflexion désagréable ? Vous la ruminez pendant des mois. Ne faites pas la même chose avec votre passé. Stop ! Sachez vous ouvrir à la positivité et entretenir cette vibration en vous.

Le futur est, par définition, à venir. Il n'est pas interdit de rêver ! Un patient m'a expliqué : « J'adore avoir en perspective un projet agréable. J'aime réserver un week-end ou une semaine de vacances un peu à l'avance. J'y pense, cela me met de bonne humeur et me réjouit. »

Hélas ! souvent le futur ne vous fait pas rêver mais au contraire vous tracasse… En fait, vous avez peur. Vous craignez de ne pouvoir réaliser vos souhaits. Vous craignez également que des ennuis ne vous arrivent. Vous vous faites du souci pour vos enfants et les êtres qui vous sont chers. Il y a même des gens qui imaginent le pire afin d'être prêts à riposter à l'adversité supposée : « Je suis sûr que mon patron va me faire des histoires, je m'y prépare », « Ma belle-fille est odieuse, je m'attends à tout de sa part », « Avec mon mari, tout est à craindre ».

Les affirmations positives peuvent puissamment vous aider à inverser ce processus, à garder confiance et à utiliser la loi de co-création pour attirer à vous le meilleur. Vous avez à apprendre à faire confiance à la vie. Elle n'est pas votre pire ennemi. Elle peut même devenir votre meilleure amie si vous travaillez à maintenir un état de conscience adéquat.

Vivre le moment présent peut être un autre outil très utile pour changer votre vie. Pour ce faire, commencez par habiter consciemment votre corps au lieu d'être tout le temps dans votre mental. Les coachs qui préparent des personnes angoissées par une prise de parole en public conseillent ainsi de respirer profondément pour dissiper le trac. Ils invitent aussi à porter son attention sur son corps, à sentir ses pieds profondément enracinés dans le sol, en relation avec la force d'attraction terrestre, le dos et les épaules souples pour laisser passer l'énergie, la tête connectée avec le ciel, comme si une antenne au sommet du crâne reliait au cosmos. Ils conseillent enfin de parler distinctement, tranquillement, sans redouter les silences. Dans un autre registre, les acteurs, les chanteurs et les interprètes, pendant leurs prestations, sont tous en connexion avec leur corps. Ce qui est utile pour les conférenciers et les gens du spectacle l'est également pour vous au quotidien.

Pensez à respirer profondément plusieurs fois par jour. Cela renouvelle votre énergie. Si vous êtes assis, sentez votre dos, vos fesses, vos jambes, vos bras, vos épaules, votre tête. Cela vous repose et vous détend instantanément. De plus, vous évitez de prendre de mauvaises positions qui pourraient entraîner des douleurs ultérieures. Quand vous êtes debout, dans les transports en commun par exemple, ou quand vous marchez, prenez conscience de votre corps.

Vivre pleinement vos sensations est une autre façon de vivre l'instant présent. Votre corps bénéficie de cinq sens, profitez-en. Ce sont de merveilleuses portes pour vous connecter à la vie. Regardez vraiment ce que vous voyez. Écoutez véritablement ce que vous entendez. Goûtez, dégustez pleinement, au lieu de manger en pensant à autre chose. Touchez, ressentez, ayez conscience de vos mains, de votre peau. Humez, savourez. Le monde des odeurs est fascinant et certaines sont chères à votre cœur. Cultivez-les. Être conscient de vos sensations est une des clefs du bonheur. Cela repose votre mental. Cela vous rend présent à la vie et évite qu'elle ne passe à toute vitesse. Cela vous procure l'expérimentation et la joie d'exister, même si vous avez un emploi du temps très chargé ou si vous traversez une période difficile. Cela connecte votre état de conscience à une autre dimension, beaucoup plus vaste, celle de l'univers.

Pour vivre l'instant présent, privilégiez chaque jour l'ici et maintenant. Même si tout n'est pas parfait, même si vous avez beaucoup de travail, même si vous avez des soucis, la meilleure façon de changer votre vie est de faire en sorte que chaque journée que vous vivez soit la plus belle, la plus heureuse, la plus épanouie possible. Aujourd'hui n'existera plus demain. Aujourd'hui est votre cadeau. Ouvrez-le.

17

JE M'ORGANISE

« J'ai tellement de choses à faire que je ne sais pas par quoi commencer… », « Je suis débordé, je ne vois pas comment je vais pouvoir m'en sortir », « Je ne sais pas comment je me débrouille, mais je suis toujours en retard à mes rendez-vous », « Chaque matin, mon patron me fait la grimace parce que j'arrive systématiquement à 9 h 15 au lieu de 9 h », « Il faut absolument que je pense à téléphoner à Untel aujourd'hui », « J'ai oublié de payer mon loyer », « Je suis en retard pour inscrire mon fils à la cantine », « Il faut que je retourne chez le boucher, je n'ai pas pris les lardons », « Mes placards sont un vaste capharnaüm », « J'ai laissé passer l'anniversaire de ma filleule, elle va m'en vouloir », « Chaque année, on se dispute au moment de partir en vacances à cause des valises », « La déclaration d'impôts, c'est une horreur, je la fais toujours à la dernière minute », etc.

Pour changer votre vie, apprendre à vous organiser est essentiel. Cela vous reposera l'esprit, vous rendra plus efficace et vous évitera une montagne de stress et de complications.

Il y a cependant un hic ! L'idée même de vous organiser peut vous poser problème, comme à beaucoup de personnes… Essayons ensemble d'y voir plus clair.

Peut-être avez-vous vécu des scènes homériques pendant votre enfance ? Par exemple, votre mère vous demandait de ranger votre chambre. Vous faisiez la sourde oreille. Elle répétait une fois, deux fois, trois fois, dix fois. Rien ne vous décidait à mettre un peu d'ordre dans votre chaos. Essayant désespérément de se faire entendre, voulant vous inculquer de bons principes d'éducation, se sentant impuissante à être obéie, votre mère, exaspérée, a pris un jour les grands moyens : elle a jeté à la poubelle ce que vous n'aviez pas rangé. Cela ne vous a pas fait du tout plaisir. Je le comprends. Mais avouez que vous y aviez quand même « mis du vôtre » pour la faire sortir de ses gonds !

Prenons un autre exemple. Vos parents étaient ce que l'on appelle communément maniaques. La maison était tellement propre que l'on aurait pu manger par terre. La voiture rutilante était lavée chaque semaine. Maman ne sortait jamais sans être impeccablement coiffée et maquillée. Papa portait toujours une cravate. C'était un vrai drame si vous vous tachiez en jouant. La décoration était tirée au cordeau, le rangement des placards rivalisait avec celui d'une boutique chic, la cuisine ressemblait à un laboratoire. Alors, évidemment, il n'y avait nulle place pour la spontanéité, l'imprévu, la fantaisie. Vous en avez gardé une aversion pour toute forme de rigidité et de contrainte.

Je vous invite à réfléchir à la manière dont l'ordre et l'organisation étaient vécus dans votre famille, car ces notions sont profondément liées à la psychogénéalogie. Le but du jeu est que vous accédiez à la liberté d'être vous-même, sans reproduire systématiquement ce que vous avez connu ou sans vous arc-bouter à faire tout l'opposé.

Certaines personnes rejettent toute idée d'organisation parce qu'elles pensent que cela va être un effort supplémentaire à fournir, une corvée en plus. Je vais vous faire une confidence : je suis moi-même très organisée. Tout simplement parce que je suis très paresseuse ! Je n'aime pas me compliquer la vie et me fatiguer inutilement.

Passons, si vous le voulez, aux choses concrètes. Avoir tout en tête vous met une pression inutile et vous épuise. Mettez au repos votre cerveau. Il vous en sera infiniment reconnaissant, car il a beaucoup mieux à faire ! De plus, vous risquez de faire des erreurs ou d'oublier. Noter est beaucoup plus simple, à tous points de vue. Deux pratiques sont très efficaces pour vous aider à vous organiser : utiliser un agenda et faire des listes.

Votre agenda, sur papier ou informatique, vous permet de noter tout ce qui s'inscrit dans le temps, pour la journée, la semaine ou les mois à venir : vos rendez-vous, les appels téléphoniques à passer, les e-mails et les courriers à envoyer, les démarches à faire selon l'époque de l'année, les anniversaires de ceux qui vous sont chers, etc.

Les listes vous permettent de noter ce que vous avez à faire et – ce qui est également très important – de hiérarchiser vos priorités. Qu'est-ce qui doit absolument être réalisé *aujourd'hui* ?

Qu'est-ce qui peut attendre *demain* ou *après-demain* ? Qu'est-ce qui peut être réglé dans la *semaine* ou dans le *mois* ? Les personnes qui animent des séminaires de gestion du temps en entreprise enseignent qu'il est nécessaire de prévoir 40 % d'imprévus dans une journée de travail. Je pense que ce pourcentage est supérieur pour une mère de famille… Ne faites pas de listes impossibles à tenir : si vous ne faites pas tout ce que vous aviez prévu, vous allez culpabiliser, ce qui va vous torturer davantage au lieu de vous aider.

On peut faire des listes utiles dans pratiquement tous les domaines. Prenez le temps d'établir une liste type de vos courses au supermarché, chez les différents commerçants et au marché. Vous pourrez l'adapter chaque semaine en fonction de vos besoins, de vos envies et de la saison. De même, une liste type pour vos valises (déplacements professionnels, vacances d'été, vacances d'hiver) peut vous éviter bien du stress, des oublis fâcheux, des disputes avec vos proches. Vous pourrez la réactualiser chaque année. Quand vous avez un rendez-vous, par exemple pour votre travail ou chez le médecin, notez par écrit les points essentiels que vous voulez évoquer ou les questions que vous voulez poser. Vous gagnerez en efficacité et obtiendrez les réponses que vous souhaitez.

Si votre défaut d'organisation concerne surtout la ponctualité, dites-vous bien que vous vous gâchez inutilement la vie avec vos retards systématiques. Cette course contre la montre répétée est extrêmement stressante et nuit à votre santé. Souvent, vous croyez pouvoir faire mille choses avant de vous mettre en route. Il n'en est rien. Allégez votre programme. Partez plus tôt. C'est tellement agréable de se détendre quinze minutes avant de commencer sa journée de travail, d'aller à un rendez-vous ou à une réunion…

Si vous avez tendance au désordre, ranger davantage et mieux est une clef pour vous rendre la vie plus agréable et plus positive. Perdre du temps à chercher quelque chose pendant des heures, parfois sans succès, n'est pas une sinécure, vous le savez bien. Je vous rassure tout de suite, il ne s'agit pas de devenir obsédé par un ordre rigoureux, mais de vous faciliter l'existence. Vous pouvez commencer étape par étape, un placard ou un tiroir après l'autre. Vous constaterez assez vite que ranger votre intérieur range aussi votre tête et vous fait beaucoup de bien. C'est reposant et apaisant. Si c'est possible, tout suspendre sur des cintres est beaucoup plus aisé que de plier et allège le repassage. N'hésitez pas, non plus, à donner ce que vous ne portez plus ou n'utilisez plus. Faire un peu de vide va vous libérer et vous permettre de vous ouvrir à la nouveauté. De plus, cela pourra rendre service à d'autres.

18

J'OSE DIRE NON

Beaucoup de gens ont beaucoup de mal à oser dire non, sans toutefois en avoir toujours clairement conscience. Vous ne dites pas non parce que vous faites passer systématiquement les autres avant vous. Vous ne dites pas non parce que vous n'êtes pas à l'écoute de vos propres besoins. Vous ne dites pas non parce que vous avez peur d'être impoli, ou de déplaire, ou de vexer. Vous ne dites pas non parce que vous avez peur de ne plus être estimé ou de ne plus être aimé.

Prenons un exemple. Vous avez décidé de faire votre liste de courses type sur votre ordinateur pour l'imprimer ensuite et vous avez besoin d'une heure de tranquillité. Le téléphone sonne. S'affiche le numéro d'une relation amicale rencontrée en voyage, avec laquelle vous échangez, agréablement d'ailleurs, deux à trois fois dans l'année. Vous décrochez. Vous passez un bon moment. Mais, une fois la conversation terminée, vous êtes mécontent parce que vous n'avez plus le temps de faire ce que vous aviez décidé. Vous auriez pu dire non. Vous auriez pu laisser cette personne vous laisser un message et la rappeler plus tard pendant le week-end.

L'un des grands inconvénients de ne pas savoir dire non, c'est que cela vous empêche de dire oui véritablement. Si l'on reprend l'exemple précédent, vous auriez pu choisir de répondre au coup de téléphone de votre amie parce que cela vous faisait plaisir, même si cela repoussait la rédaction de votre liste. Dans ce cas, vous seriez de bonne humeur en raccrochant. Vous ne vous sentiriez pas coupable ou vous ne vitupéreriez pas contre le temps qui vous manque.

Ne pas oser dire non vous entraîne à vous laisser conduire par les circonstances et les *desiderata* des uns et des autres. Au lieu de dire un vrai oui, vous exprimez un vague borborygme : « hum », « ben », « bof », « ouais ». Ou bien vous acquiescez en traînant des pieds, « pourquoi pas », « si tu veux », « puisque tu y tiens ». Tout cela n'est guère enthousiasmant... Vous allez ressentir de la tristesse, de la frustration, de la colère. Vous n'allez pas tarder à vous sentir victime et à en vouloir aux autres.

Prenons maintenant un autre exemple, malheureusement très fréquent. Vous avez des amis que vous voyez régulièrement. Vous dînez avec eux avec beaucoup de plaisir. Un soir, quelqu'un lance l'idée : « Et si nous partions ensemble en vacances cet été ? » La convivialité aidant, le repas étant délicieux et le vin de même, vous acceptez joyeusement, sans vous poser la moindre question. L'été, arrivés sur place, les choses se gâtent rapidement. Il y a les lève-tôt et les couche-tard. Il y a les adeptes du farniente et ceux qui multiplient les activités et les excursions. Chacun a des rapports différents à la gestion du quotidien, à la façon de dépenser l'argent, à l'éducation des enfants. Ce qui était fantasmé comme un rêve devient vite un cauchemar. La tension monte, les remarques acerbes fusent, l'animosité grandit… Vous êtes ravi de rentrer chez vous. Triste conséquence, l'amitié est brisée et plus personne ne cherchera à se revoir. Il eût été plus sage de prendre du temps avant de donner votre accord. Il eût été peut-être possible de faire un test, au préalable, au cours d'un week-end. En y réfléchissant à tête reposée, vous vous seriez sans doute rendu compte que, même si vous appréciez beaucoup vos amis, vos styles de vie et vos goûts sont trop différents pour vivre ensemble pendant quinze jours. Vous auriez alors dit non. Cela les aurait peut-être déçus sur le moment mais votre amitié mutuelle aurait été préservée.

Oser dire non peut se faire en douceur, en veillant à ne pas choquer, blesser ou vexer. Ce n'est pas moi qui vais vous conseiller de mentir à tout bout de champ ! Cependant, les « pieux mensonges » – pour reprendre une expression devenue un peu désuète – ont parfois du bon… Vous n'avez pas envie de vous rendre à une invitation pour des raisons qui vous sont propres ? Vous pouvez remercier et décliner poliment, en inventant une excuse qui ménage la susceptibilité des personnes concernées. Vous respecterez ainsi vos amis et vous vous respecterez.

Avant de dire non, avant de dire oui, prenez le temps de réfléchir, de ressentir, d'écouter votre intuition. Pour changer votre vie, osez faire vos propres choix, librement. Ce n'est pas de l'égoïsme. Vous ne pouvez pas prétendre aimer les autres si vous ne vous aimez pas vous-même. Tout ce que vous faites à contrecœur est toxique. Si vous devez entreprendre une corvée indispensable, décidez de la faire paisiblement et joyeusement, le plus rapidement possible. Ne la laissez pas traîner et vous envahir. Elle en sera d'autant plus légère. Ne vous laissez pas manipuler par vos faux oui. Si votre conjoint souhaite voir un film qui ne vous attire pas mais que vous voulez lui faire plaisir, accompagnez-le de gaieté de cœur. Vous pouvez aussi voir chacun le film que vous préférez dans un complexe multisalles et vous retrouver ensuite. Vous aurez ainsi deux histoires à partager au lieu d'une…

19

JE CONNAIS ET DÉVELOPPE MA PLURALITÉ

Pour changer votre vie, vous avez besoin de connaître les différentes facettes de votre personnalité et de les respecter, d'en prendre soin, de les développer et de les harmoniser. Votre moi est subtil, divers, multiple, d'une infinie richesse.

Vous avez un corps, qui vous permet d'être en vie, présent physiquement sur cette planète. C'est votre « véhicule » et votre « temple ». Trop souvent, vous n'êtes pas à son écoute et vous ne respectez pas ses besoins. Vous le malmenez, vous le fatiguez, vous l'épuisez. Vous le critiquez et vous le comparez. En résumé, vous ne l'aimez pas comme il le mérite. Ici et maintenant, qu'est-ce que vous pouvez décider de changer pour traiter enfin votre corps avec gentillesse ?

Vous avez un corps, mais vous avez aussi un cœur, un esprit, une créativité. Que de richesses multiples en vous… Beaucoup de personnes ne sont pas conscientes de leur créativité, pensant que c'est réservé aux autres, aux artistes, aux inventeurs, aux personnes célèbres. Vous êtes artiste car vous créez, chaque jour, votre art de vivre.

Une autre notion est très importante pour votre bonheur, celle de votre « place ». Vous avez besoin de trouver la place adéquate par rapport à vous-même, celle où vous vous sentez bien et épanoui, et la place adéquate par rapport aux autres, celle où vous vous sentez respecté et pris en compte. Si vous y réfléchissez, lorsque vous souffrez, il s'agit la plupart du temps d'un problème de place. Vous n'êtes pas épanoui dans votre travail ? C'est peut-être parce que vous n'exercez pas l'activité qui vous convient ou que vous n'occupez pas le poste qui vous correspond. Ou parce que vous avez des difficultés relationnelles avec votre patron, que vous ne vous entendez pas avec vos collègues ou que vous craignez d'être licencié pour raison économique. Dans les cinq situations envisagées, il s'agit d'un problème de place. Votre vie affective vous rend malheureux ou malheureuse ? Soit vous êtes célibataire et vous le regrettez. Soit la personne que vous aimez ne vous considère pas et ne vous traite pas comme vous le souhaitez. Soit vous êtes en plein divorce et cela se passe difficilement. Là encore, dans les trois cas, il s'agit d'un problème de place.

Vous respecter implique de faire le point, dès maintenant, honnêtement, paisiblement, courageusement, sur vous-même et sur votre vie. Qu'est-ce que je ressens ? Qu'est-ce que j'aime ? Qu'est-ce qui me fait plaisir ? Qu'est-ce qui me convient ? Qu'est-ce qui me donne de la joie et du bonheur ? Qu'est-ce que je peux améliorer ? Qu'est-ce que je veux changer ? Qu'est-ce que je ne veux plus ? Qu'est-ce qui est toxique pour moi ? Ne vous cherchez pas de faux coupables ni de fausses excuses comme « Je n'y suis pour rien, c'est de la faute des autres », « Avec la crise, je suis obligé de subir », « Je n'y arriverai jamais », « Avec tous les soucis que j'ai, vous n'y pensez pas ».

C'est votre vie, c'est donc vous le capitaine du navire. Qu'est-ce que vous pouvez transformer, dès aujourd'hui, pour être davantage vous-même et pour vivre mieux ?

Il peut s'agir de choses toutes simples qui vous apportent de la joie, de la douceur, de la sérénité. Une amie, qui a surmonté, grâce à un travail intense sur elle, une passe financière très difficile, avait pris l'habitude de s'offrir chaque jour un petit pain au chocolat, ce qui représentait alors pour elle le summum du luxe. Prenez soin de vous, en toutes circonstances.

Il peut aussi s'agir d'avoir le courage d'oser ce que vous ressentez profondément. Un patient, malgré les mises en garde de son entourage, a changé de carrière avec succès à cinquante ans. Une patiente, en dépit des pressions de sa famille et de ses relations amicales, a surmonté sa peur et a divorcé de son mari, personnage connu et influent. Un autre patient a décidé de cesser de vivre dans le secret qui l'étouffait et a révélé son homosexualité. Une autre patiente, enfin, a décidé de se prendre en main et, avec l'aide d'un médecin spécialiste, a perdu dix-neuf kilos.

Une prise de conscience va vous délivrer, enfin, de la guerre des sexes. Quel repos ! Depuis des millénaires, les hommes et les femmes se considèrent plus ou moins en chiens de faïence, quand ils ne se critiquent pas ouvertement ou pire. C'est même le racisme le plus archaïque, qui ne demande qu'à s'embraser à la moindre étincelle… Or, tout être humain, qu'il soit né garçon ou fille, dispose d'une double polarité, masculine et féminine. Il est important de les connaître, de les développer et de les unir pour vivre de façon harmonieuse et mieux communiquer avec les autres, y compris votre tendre et cher.

Votre « homme intérieur » vous permet de choisir, d'organiser, de structurer, de mettre en pratique, de concrétiser. Veillez à ce qu'il ne soit pas trop rigide, comme c'est souvent le cas. Ne ployez pas sous les « Il faut » et les « Je dois ». Ne cherchez pas à atteindre la perfection, qui n'est pas de ce monde. Veillez aussi, dans certains cas, à ce qu'il ne soit pas trop laxiste. Votre « femme intérieure » vous connecte à vos désirs, à vos envies, à votre créativité, à vos ressentis, à vos émotions, à vos sentiments, à votre intuition. Écoutez-la, elle est très précieuse, ne la mettez pas sous le boisseau. Elle vous permet aussi de mieux comprendre les autres et d'être en empathie avec eux.

20

JE CESSE DE VOULOIR CHANGER LES AUTRES

Il y a des personnes avec qui tout se passe bien, très bien même : vos amis intimes, votre conjoint si votre couple est harmonieux, vos relations amicales, vos relations professionnelles ou celles liées à vos diverses activités, vos voisins, vos commerçants, vos connaissances. Il est délicieux de pouvoir communiquer, échanger, dialoguer. C'est un des grands bonheurs de la vie. De plus, on s'enrichit beaucoup au contact d'autrui.

Et il y a « les autres », ceux qui vous posent problème... Votre conjoint si votre couple va mal, un ou plusieurs membres de votre famille ou de votre belle-famille, votre patron, des collègues de travail, tel ou tel ami, une personne récemment rencontrée, quelqu'un de votre voisinage, etc.

Autant le savoir tout de suite et faire avec (vous éviterez ainsi pertes d'énergie, frustrations et déconvenues) : la personne qui vous ennuie, vous perturbe ou vous exaspère ne va pas se transformer, d'un coup de baguette magique, pour vous faire plaisir. N'en déduisez pas, cependant, que vous êtes pieds et poings liés face à cette situation. Au contraire, vous avez un immense pouvoir : celui de changer vos réactions et votre niveau de conscience.

Je sens que je suis en train de mettre en colère certains lecteurs… « Vous vous moquez de moi, cette personne est méchante, épouvantable, horrible, et c'est moi qui devrais changer. Alors là, c'est vraiment un comble, c'est le monde à l'envers ! » S'il vous plaît, ne jetez pas tout de suite le livre, je vais m'expliquer plus en détails…

Certaines personnes ont un comportement manifestement odieux, qui peut cependant s'expliquer par une perturbation psychologique. Cela peut aller de la névrose plus ou moins lourde à la jalousie assassine sous toutes ses formes, à la perversion manifeste et avérée, voire à la quasi-folie. La première des choses est de ne pas les juger. Vous et moi, compte tenu de ce que ces personnes ont traversé dans leur enfance ou au cours de leur existence, serions peut-être pires à leur place. Ne l'oubliez jamais. Ces personnes sont malades, parfois très gravement, un point c'est tout.

Plus vous allez monter en épingle vos conflits avec quelqu'un, plus vous allez y penser et les ressasser, plus vous allez en parler autour de vous, plus vous allez vous plaindre et vous lamenter, plus vous allez faire une bête noire de la personne que vous appelez votre « ennemi », plus vous allez amplifier ce problème, jusqu'à ce qu'il vous obsède et vous dévore. C'est à vous que vous faites du mal, et à personne d'autre. S'il est parfaitement normal de parler à ses amis, attention toutefois à ne pas confier vos difficultés à des personnes qui ne vous seront d'aucun secours et qui peuvent contribuer à renforcer vos ressentiments et votre haine. Autrement dit, cela va vous enfoncer encore davantage. Les amis « projettent » sur votre situation leur propre vécu, leurs propres limites, voire leurs propres conflits non réglés.

Gérer vos relations avec les personnalités difficiles s'apprend. Prenons l'exemple de Catherine, licenciée après le dépôt de bilan de l'entreprise pour laquelle elle travaillait. Elle entre en période d'essai, pour trois mois, dans une société qui se propose de l'embaucher définitivement. Au bout de dix semaines, elle décide de ne pas rester. Sa responsable, très sympathique jusque-là, fait preuve d'une rare perversité qui envenime l'ambiance du service, complique les rapports avec la direction, freine l'efficacité des employés. Au cours de son bref passage, Catherine s'est liée d'amitié avec Muriel, la collègue qui partage son bureau. Celle-ci souffre beaucoup de la situation. Elle pleure souvent, elle a du mal à dormir, elle a parfois des crises d'anxiété. Son médecin lui a proposé de la mettre sous anti-dépresseur mais elle hésite. Catherine a invité Muriel au restaurant pour fêter son départ. « Mais pourquoi ne cherches-tu pas autre chose ? Tu as un excellent C.V. Je suis de nouveau au chômage et donc je vais prospecter activement, je peux t'aider à trouver. Ne reste pas plus longtemps dans cet enfer, trois ans et demi ça suffit. » « C'est trop risqué. Mon père a été très longtemps sans emploi et ma mère en a beaucoup souffert. Il est mort maintenant mais elle en reparle encore souvent. Elle ne comprendrait pas mon attitude. » « Mais il ne s'agit pas de donner ta démission, il s'agit de trouver autre chose. » « Oui, mais s'ils ne me gardent pas après ma période d'essai ? » Muriel n'a pas suffisamment confiance en elle pour sauter le pas. Elle semble aussi ne pas avoir coupé le cordon avec sa mère ni s'être libérée du passé de son père.

Aussi surprenant que cela puisse paraître, les personnes qui vous posent problème sont, très souvent, l'occasion de mieux vous connaître et de vous libérer de certains « nœuds » psychologiques qui vous bloquent inconsciemment. Ce serait bien masochiste de souhaiter en rencontrer beaucoup, mais ne manquez pas cette opportunité lorsque vous croisez une personne difficile sur votre chemin.

Examinons l'exemple de Luc. Il a eu le courage de quitter sa compagne, Aline, après trois années d'amour passionné et de mésententes ponctuées de courtes réconciliations. Il ressent encore beaucoup d'animosité envers cette jeune femme qu'il traite de garce, de folle, d'hystérique. Certes, Aline a une personnalité très difficile. Bien qu'elle soit fort jolie et sensuelle, les blessures mal cicatrisées de son enfance entraînent un caractère insupportable et une attirance pour la drogue et l'alcool. Au lieu d'accuser son ex de tous les maux, Luc devrait se poser des questions sur lui-même. Pourquoi a-t-il prolongé cette relation infernale aussi longtemps ? Pourquoi s'est-il entêté à vouloir coûte que coûte qu'Aline change ? Les autres amoureux d'Aline prenaient leurs jambes à leur cou très rapidement, généralement au bout de deux mois. Il serait beaucoup plus profitable pour Luc de faire un travail sur lui pour comprendre sa fascination pour Aline. Cela lui permettrait de pouvoir rencontrer, ensuite, une jeune femme capable d'aimer et de construire une relation harmonieuse.

Si les circonstances de la vie sociale ou l'exercice de votre profession vous font côtoyer plus ou moins régulièrement une personnalité difficile, il est important de vous départir de votre colère ou de votre haine. Plus vous allez détester cette personne, plus vous allez nourrir ce que, précisément, vous voudriez éviter. Ne donnez aucune prise à quelqu'un qui complique tout, qui fait des histoires, qui dramatise tout, qui colporte des ragots, quitte à en inventer, qui sème la zizanie. Restez de marbre, ne rentrez pas dans son jeu. C'est une des règles des arts martiaux. Avec quelqu'un qui agresse, qui humilie, qui traite plus bas que terre, ne cherchez pas à discuter ou à vous opposer. Attendez que l'orage passe. N'hésitez pas à utiliser une visualisation agréable pour vous aider. Ou pensez à quelque chose de drôle. Pour faire la guerre, il faut être deux. Plus vous serez centré et en paix, moins vous amplifierez les conflits.

21

JE SOURIS ET JE RIS

Un sourire est une merveilleuse clef. Sourire vous fait du bien et fait du bien aux autres. Cela met de bonne humeur, facilite les échanges, crée de la sympathie et de la convivialité. C'est également très bon pour la santé. Cerise sur le gâteau, c'est un excellent rajeunissant pour le visage.

Vous êtes un peu maussade aujourd'hui ? Je vous promets que vous n'allez pas le rester longtemps si vous décidez de ne pas imposer votre tristesse aux autres et de sourire. Vous allez rapidement retrouver de l'énergie et de la gaieté, même si la météo est en berne ou que quelque chose vous a temporairement contrarié.

Sourire à quelqu'un peut le sauver. Je dis bien « le sauver ». L'empêcher, au dernier moment, de se suicider. De nombreux témoignages de personnes tentées à un moment de commettre l'irréparable l'attestent. Dans un contexte moins grave mais tout aussi important, sourire à une personne âgée et solitaire peut illuminer sa journée, en lui donnant de l'attention et de la tendresse. Quant à la caissière du supermarché, elle vous dira volontiers, si vous le lui demandez, que les clients souriants sont bien agréables et lui évitent de se sentir assimilée à un meuble, la caisse enregistreuse. Donc, n'hésitez jamais à sourire aux autres.

Rire est aussi très important. Essayez de rire plusieurs fois par jour. Cultivez le rire. C'est le carburant de la joie de vivre et cela vous aide beaucoup pour vous réaliser. Il ne s'agit pas de se moquer ou de faire de l'humour noir. Mais que c'est bon de rire de bon cœur, à gorge déployée ! Que c'est bon aussi de rire de ses défauts au lieu de se vilipender, de rire de ses erreurs et de ses mésaventures au lieu d'en faire un drame kafkaïen. Il vous est déjà arrivé de voir un film ou un spectacle encensé par la critique et d'en ressortir triste, déprimé, ayant du mal à vous remettre pendant quelques heures, sinon plusieurs jours. Le metteur en scène et les acteurs peuvent être très talentueux, mais le sujet vous pollue négativement. Ne parlons pas de ces scènes de violence qui s'enregistrent dans votre mémoire et peuvent resurgir dans vos rêves la nuit. Les enfants et les adolescents sont encore plus sensibles que les adultes à ce genre de choses, protégez-les. Cultivez pour vous et votre entourage ce qui vous fait du bien et vous donne de l'énergie. Si vous le pouvez, allez voir des spectacles positifs ou drôles, louez des films qui vous rechargent, partagez des jeux de société instructifs ou amusants avec vos amis. Le monde médical commence à découvrir et à étudier les vertus thérapeutiques du rire. J'ai beaucoup d'admiration pour les associations qui permettent d'introduire, dans les hôpitaux, des spectacles de clowns pour les enfants malades. Quelle merveilleuse idée !

étape 4

Je gère autrement mes problèmes

étape 4

22

J'EN AI ASSEZ DE LA SOLITUDE

Comme beaucoup de femmes et d'hommes, peut-être souffrez-vous de la solitude et désespérez-vous de rencontrer quelqu'un avec qui vous pouvez vraiment construire une vie à deux ? Chaque cas est certes particulier, mais voyons ensemble comment faire pour vous libérer de cette situation douloureuse.

Si vous avez consciemment le désir de fonder un couple et que vous n'y parvenez pas, il est très probable que votre inconscient vous joue des tours. S'il vous plaît, ne le prenez pas mal : loin de moi l'idée de ne pas être à l'écoute de votre souffrance, de vous critiquer, de vous juger ou de vous condamner. Mais force est de constater qu'il y a quelque chose qui coince. Vous allez me rétorquer que vous n'y êtes pour rien, que vous ne rencontrez personne de bien ou de disponible malgré tous vos efforts. Pour vous aider à sortir de cette impasse, il est fondamental que vous vous posiez certaines questions.

Est-ce que vous êtes timide ? Est-ce que vous vous repliez sur vous ? Est-ce que vous doutez de vous ? Est-ce que vous pensez, en votre for intérieur, que vous ne pouvez pas séduire ? Dans ce cas, vous avez un travail à faire pour prendre confiance en vous et oser communiquer. Si vous rêvez d'avoir un être aimant à vos côtés, avez-vous déjà réalisé que, vous aussi, vous êtes une chance pour quelqu'un ? Réfléchissez et prenez conscience, vraiment, de ce que vous pouvez apporter à la personne avec qui vous pourriez vivre. Ne restez pas chez vous à vous morfondre, sortez et regardez autour de vous. Parallèlement, pourquoi ne pas dépasser vos résistances et vous inscrire à un site de rencontre sur Internet ? Qu'est-ce que vous risquez ? Souvent, les femmes ont peur de rencontrer des « malades » ou des hommes qui ne veulent que « coucher ». Par prudence, ne donnez pas votre adresse, rencontrez-vous dans un lieu public et ne vous faites pas raccompagner. Vous vous apercevrez très vite des intentions réelles des messieurs concernés. En refusant des relations sexuelles immédiates, vous ferez que les « dragueurs » invétérés se décourageront en un clin d'œil.

Il peut aussi être important de vous interroger sur la manière dont vous envisagez le couple. Qu'est-ce qui s'est passé concernant l'amour conjugal dans votre famille ? Qu'avez-vous ressenti pendant votre enfance ou votre adolescence ? Avez-vous vécu par le passé une histoire amoureuse difficile ? Il se peut que vous ressentiez de la crainte, de la méfiance, du mépris, de la colère, voire de la haine envers le sexe opposé et que vous ne vous en rendiez pas compte. Il se peut aussi que le mariage vous terrorise inconsciemment. Avez-vous peur de perdre votre liberté de célibataire ? Redoutez-vous de devoir composer avec quelqu'un ? Un travail avec un psychothérapeute pourra vous aider à dénouer certains nœuds pour vous permettre de vous libérer et de réaliser votre désir conscient de vivre à deux.

Aujourd'hui, alors que les divorces et les séparations se multiplient, la construction d'un couple apparaît, dans l'imaginaire collectif, comme la condition *sine qua non* du bonheur. Ce phénomène est pourtant très récent. Historiquement, et dans quasiment toutes les cultures, le mariage est une institution sociale visant à donner un cadre légal à la formation de la famille et, plus encore, à garantir la filiation légitime en vue d'assurer la transmission éventuelle des biens. Ce n'est pas très romantique, j'en conviens… Ce qui ne veut pas dire qu'il n'y ait pas eu de mariages heureux autrefois, mais ils étaient loin d'être la majorité. Toutefois, on restait ensemble par devoir, le mari avait sa fonction, l'épouse la sienne et tous les deux respectaient le « socialement correct ». La religion pesait aussi très lourd dans la balance.

Vivre à deux, même lorsque l'on s'aime, n'est pas toujours une sinécure. Cela implique un énorme travail sur soi. L'épaule sur laquelle vous rêvez de vous appuyer va avoir son caractère, ses habitudes, ses goûts, ses opinions, ses qualités, ses défauts, ses hauts et ses bas, ses préoccupations, ses soucis. Cela ne va pas manquer de vous titiller au quotidien ! Élever des enfants n'est pas non plus de tout repos.

Faire dépendre son bonheur de quelqu'un d'autre est une illusion. La seule façon d'être heureux est de l'être maintenant, vous-même. Former un couple, ce n'est pas devenir une moitié de pomme et tomber dans une dépersonnalisation et une fusion toxiques. Un couple est semblable au nombre 11 qui, magiquement, donne 2 lorsque l'on additionne les chiffres 1 qui le constituent. Autrement dit, ce sont deux individus à part entière qui s'associent pour s'accompagner, partager et évoluer ensemble. Certains créeront une famille, d'autres poursuivront d'autres buts.

Parlons maintenant de la solitude. Même si les choses sont en train de bouger du fait de l'éclatement de plus en plus fréquent des couples, le célibat reste souvent perçu comme une situation peu enviable. Si vous souffrez de vivre seul, demandez-vous si votre mal-être ne résulte pas de la pression sociale, de l'influence de vos parents qui voudraient que vous soyez « casé » ou rêvent d'avoir des petits-enfants, de votre horloge biologique qui s'accélère à grands pas, du mariage d'un ex, d'un frère, d'une sœur, d'amis, de la naissance d'un bébé dans votre entourage proche.

Malgré le modèle social de la vie à deux, il existe cependant des gens qui aiment vivre seuls. Certes, ce n'est pas la majorité, mais vous ne les entendrez jamais se plaindre de leur solitude. Comment font ces gens ? C'est tout simple, ils se passionnent pour plein de choses et leur vie est loin d'être monotone. Ils ont souvent besoin de temps pour eux. Mais ils sont loin d'être des solitaires. En général, ils aiment leur travail et ils cultivent les contacts et l'amitié. Communiquer, échanger, dialoguer est de la plus haute importance pour eux. Enfin, ils ont de nombreux centres d'intérêt.

En attendant de trouver la personne qui vous convient vraiment, il serait plus sage d'apprivoiser votre solitude temporaire. Vous y trouverez beaucoup d'avantages. De plus, les personnes bien dans leur peau sont toujours beaucoup plus attirantes. Profitez pleinement des aspects positifs que vous procurent l'indépendance et la liberté et que vous ne pourrez plus faire ensuite ou différemment. Cela vous permettra aussi de ne pas vous emballer pour la première personne rencontrée. Vous ne chercherez plus à fuir votre solitude à n'importe quel prix. L'autre ne sera pas une béquille ou un médicament. Vous vous donnerez ainsi les meilleures chances de construire une relation équilibrée, harmonieuse et heureuse.

23

MON COUPLE NE VA PAS BIEN

Prendre conscience que votre couple ne va pas bien est une première étape et c'est déjà très courageux. Ce n'est pas en vous voilant la face que vous allez évoluer positivement. Mais prenez garde à ne plus voir que les aspects négatifs et à vous laisser envahir par des sentiments tels que l'impuissance, la tristesse, le désespoir, la colère, le ressentiment, la haine. Prenez le temps de réfléchir et de ressentir. Même si cela peut vous surprendre, vous pourrez beaucoup vous aider en réfléchissant par écrit. Commencez par faire la liste de ce qui va bien et vous convient. C'est très important. Ensuite, analysez ce qui vous pose problème. Soyez précis, prenez des exemples concrets de ce qui vous heurte. Enfin, voyez quand ces difficultés sont apparues. Il y a peut-être eu un phénomène déclenchant : la naissance d'un enfant, un déménagement, un problème ou un deuil familial, un changement professionnel, une mauvaise passe financière, une maladie, etc.

Le dialogue intérieur en relaxation est un autre exercice qui peut être très utile : vous vous centrez et vous vous relaxez. Vous faites apparaître votre conjoint en face de vous. Vous lui expliquez tout ce que vous avez sur le cœur puis vous lâchez prise. Vous écoutez, avec respect et patience, ce qu'il vous répond. En contact avec votre être intérieur, ou votre moi profond, vous accédez à un autre état de conscience sur ce qui vous préoccupe. Il est possible que cela vous fasse percevoir, également, votre part de responsabilité dans le problème qui vous occupe. Tout n'est pas uniquement du fait de l'autre. Il ne s'agit pas de vous culpabiliser mais de prendre conscience de ce que la situation touche en vous, par un subtil jeu de miroirs. Le but est, bien sûr, de vous en libérer.

La visualisation peut aussi beaucoup pour aider. Vous vous remémorez votre rencontre, les bons moments que vous avez passés ensemble. Puis vous imaginez que vous êtes à côté de votre conjoint et que votre discussion a été positive et constructive. Vous en ressentez les bienfaits, la joie que la communication puisse se rétablir entre vous, que cette difficulté puisse être résolue, que votre vie ensemble puisse se poursuivre de façon harmonieuse.

Vivre heureux en couple relève du grand art. Vous tombez amoureux d'une personne. Votre attirance irrésistible n'est pas le fruit du hasard. Vous vibrez en fonction de votre histoire, de votre psychogénéalogie, de l'image que vous vous faites de l'homme ou de la femme, de votre conception de la relation à deux. Peu à peu, la passion évolue pour se transformer en un lien plus quotidien et plus réel. Vous vous apercevez, au fil du temps, que l'autre n'est pas tout à fait, voire pas du tout, tel que vous l'aviez supposé et imaginé. Vous reconnaissez, dans votre conjoint, certaines ressemblances avec votre mère ou votre père, vous identifiez dans votre couple des situations qui rappellent la relation entre vos parents.

L'un des grands pièges du couple est l'habitude. Vous avez chacun votre vie, vos activités, vos préoccupations. Quand vous rentrez chez vous, vous êtes fatigué et aspirez à la tranquillité. Les hommes ont pu avoir une journée professionnelle chargée. Les femmes également, et elles ont rarement le temps de souffler quand elles arrivent à la maison car elles doivent aussitôt s'occuper des enfants, du dîner, etc. (car c'est bien souvent elles qui assument ces tâches). Si vous êtes une maman à la maison, votre emploi du temps est émietté entre mille activités et vous êtes fréquemment épuisée le soir. Peu à peu, vous vivez davantage *l'un à côté de l'autre* que *l'un avec l'autre*. Votre conjoint devient comme « acquis », vous ne lui portez plus attention, vous ne faites plus d'efforts pour le séduire, votre désir sexuel s'émousse. Beaucoup de femmes se plaignent d'être considérées comme la bonniche de la maison parce que leur mari ne semble pas reconnaître tout le travail qu'elles fournissent pour assumer les courses, les repas, le ménage, la lessive, le repassage, l'accompagnement des enfants. Beaucoup de maris, même s'ils ne l'expriment pas, ne se sentent pas véritablement soutenus par leur épouse. Contrairement à ce que croit la gent féminine qui, cependant, aime qu'on la complimente, les hommes adorent eux aussi qu'on les félicite, qu'on les valorise…

Un autre piège, lorsque que vous avez des enfants, est de ne plus être que parents et de négliger votre relation amoureuse. Il est nécessaire de vous réserver régulièrement des moments privilégiés pour vous retrouver, tous les deux, et pour échanger. Ce peut être faire ensemble une promenade à pied, prendre un verre dans un café tranquille et agréable, partager un pique-nique, dîner au restaurant, passer un week-end dans un endroit qui vous plaît. N'hésitez pas à faire appel à une baby-sitter, à des amis, à la famille pour vous libérer quelques heures. C'est excellent pour votre relation. C'est excellent aussi pour vos enfants. Bien des fusions pathologiques sont évitées quand maman n'est pas perçue uniquement comme une mère, mais aussi comme une femme et une épouse, et quand papa occupe sa place d'homme et de mari.

La plupart des couples connaissent des crises. Or, une crise peut devenir une chance, à condition de savoir la gérer et la dépasser pour mieux se comprendre et mieux vivre ensemble.

La deuxième étape consiste à parler avec votre conjoint du mal-être que vous ressentez et d'échanger sur ce sujet. Mais il est indispensable d'être et d'agir dans un état de conscience adéquat. Autrement, vous risquez fort de ne pas vous faire entendre, ou, pire encore, d'aggraver la situation et d'entrer en conflit. Ce n'est pas une scène de ménage que vous voulez provoquer, mais une conversation fructueuse.

Attendez que le moment soit favorable, que votre conjoint soit disponible, que vous ayez un peu de temps devant vous sans être dérangés. À moins que vous ne soyez tous deux « du soir », évitez l'heure du coucher. Commencez par exprimer clairement que vous souhaitez dialoguer pour améliorer votre relation et que vous ne voulez pas engager une dispute. Cela évitera à l'autre de se sentir au tribunal et de réagir agressivement. Vous pouvez d'abord évoquer tout ce que vous appréciez chez votre conjoint et tout ce qui vous satisfait dans votre couple. Cela vous fera du bien à tous les deux. Ensuite, faites part de vos difficultés, en restant dans un esprit positif. Dites ce que vous ressentez mais n'accusez jamais l'autre. Il y a une grande différence entre « Tu es radin » ou « Tu es un vrai panier percé » et « Ton comportement par rapport à l'argent me pose des difficultés, comment pouvons-nous faire ? » ; entre « Tu es égoïste » ou « Tu ne m'aimes pas » et « Parfois, j'ai l'impression que tu ne me prends pas en compte, comme le week-end dernier où tu as aidé à déménager tes copains. Comment améliorer cela ? » ou « Quand tu téléphones à tes amies pendant des heures le soir, je me sens exclu » ; entre « Tu es bordélique » et « Tu ne fais pas attention à l'ordre. Cela me donne beaucoup de travail supplémentaire. Quelles solutions pouvons-nous trouver ? ». Tout ne se faisant pas en un jour, convenez de parler régulièrement de ce qui vous pose problème pour faire le point sur ce que vous avez décidé de mettre en œuvre, ensemble, pour améliorer la situation. Profitez de l'occasion pour demander à votre conjoint s'il y a chez vous des comportements qui l'ennuient ou l'énervent. Écoutez sans vous vexer, même si c'est exprimé maladroitement ! Cela vous évitera de ne voir que les défauts de l'autre… Vous non plus n'êtes pas parfait !

Évitez absolument les comparaisons à l'emporte-pièce qui blessent, fustigent et bloquent, comme : « Tu étais déjà comme cela avec ta première femme », « Je comprends ton premier mari, le pauvre », « Tu es infernale, même ta sœur le dit », « Tu ressembles à ta mère », « Tu es bien comme ton père », « De toute façon, ils sont tous comme ça dans ta famille », « Tu as de qui tenir », « Tes parents n'ont jamais été capables de s'entendre, tu es comme eux ».

S'il vous est trop difficile de vous expliquer sans tomber dans le pugilat, vous pouvez faire appel à un psychothérapeute, un conseiller conjugal ou un médiateur. Une tierce personne neutre peut beaucoup vous aider. Elle ne prend pas partie, apaise les tensions, facilite la compréhension mutuelle et l'échange, vous aide à trouver des solutions pratiques pour sortir de l'impasse.

Malheureusement, il y a des couples où le dialogue est impossible parce que l'un des partenaires s'y refuse complètement. Pour de multiples raisons psychologiques, il ne peut évoluer et reste campé sur ses positions. Il se peut même que vous ayez à faire à quelqu'un de très névrosé, voire malade psychologiquement. N'essayez pas de le changer, c'est impossible. Ne le détestez pas non plus, car c'est à vous que vous ferez du mal, et à personne d'autre.

Que faire alors ? Quand les conflits ne sont pas trop nombreux et pas trop dramatiques, voyez si vous pouvez vous adapter et contourner la difficulté, sans jamais cesser de vous respecter, en aménageant quelque peu différemment votre vie. Sinon, osez vous séparer. Vous n'avez pas à demeurer dans une relation toxique pour vous. Dépassez vos peurs. Ne vous laissez pas manipuler par votre entourage amical ou familial. Centrez-vous, agissez en votre âme et conscience. Votre ressenti, votre intuition vous indiquent clairement qu'il est temps de tourner la page. Si vous avez des enfants, le plus beau cadeau que vous puissiez leur faire est d'être bien dans votre peau. Expliquez-leur que vous vous séparez, que c'est une histoire d'adultes qui ne les regarde pas, et que vous restez à vie leur mère et leur père qui les aiment.

Prenez conscience de ce qui n'a pas fonctionné dans votre couple. Qu'est-ce qui vous a attiré au départ chez l'autre ? Comment les choses ont-elles évolué ? Quelles sont les leçons que vous en retirez pour un avenir meilleur ? Travaillez sur vous, libérez-vous, au besoin avec un thérapeute, pour ne pas renouveler ultérieurement une semblable fascination et un amour une fois encore malheureux.

24

MA SEXUALITÉ, N'EST PAS TRÈS SATISFAISANTE

La sexualité est une des énergies vitales de l'être humain, au même titre que l'énergie matérielle (corporelle), l'énergie affective et l'énergie intellectuelle. Elle est une expression naturelle de la vie et c'est pourtant l'énergie qui a été la plus incomprise, la plus déformée, la plus détournée et la plus refoulée. La religion judéo-chrétienne a grandement contribué à réprimer la sexualité, en ne l'autorisant qu'au sein du mariage et en la réservant à la procréation. Concernant la femme, seule l'image de la mère était valorisée. C'était tout juste si l'on pouvait imaginer que cette dame, bien sous tous rapports, ait pu faire l'amour pour concevoir ses enfants... La femme était liée au péché, au démon tentateur.

Les mentalités ont beaucoup évolué et on ne peut que s'en réjouir. Mais nous restons inconsciemment marqués par ce passé qui imprègne notre héritage familial et culturel.

C'est ce qui peut expliquer que vous ne soyez pas à l'aise avec votre sexualité. Beaucoup de femmes sont encore réservées et passives, s'en remettant à leur partenaire. Beaucoup d'hommes sont intimidés ou, à l'inverse, ont une image salie de la sexualité. Osez vous exprimer, osez échanger, osez dire ce qui vous donne du plaisir, osez demander à l'autre ce qui lui en donne également.

Faire l'amour s'apprend à deux, c'est tout à fait normal. De nombreuses femmes ne ressentent rien vaginalement parce qu'elles n'osent pas ou ne savent pas contracter leur périnée et caresser le sexe masculin à l'intérieur d'elles. Certains hommes aussi sont un peu perdus et, souvent, mal informés. Il faut dire que les films et les vidéos pornographiques sont une véritable contre-éducation pour apprendre à donner du plaisir à une femme. Ce qui est présenté n'est qu'une simple masturbation à travers un organe. Aucune caresse, aucune sensualité, aucune affection n'est manifestée. Le clitoris, si important, est négligé. Aucune variation dans le rythme de la pénétration, si fondamentale, n'est présentée.

La sexualité, c'est conjuguer les corps, c'est conjuguer des vibrations, c'est conjuguer des énergies. C'est partager de la douceur, de la tendresse, de l'intime, du plaisir, de la joie. C'est à la fois tout simple et c'est merveilleux ! L'expérience de l'orgasme est une forme de méditation qui, pour quelques instants, déconnecte du « petit moi » pour atteindre un autre état de conscience, hors du temps et hors de l'espace. La sexualité est sacrée. Cette culture est, hélas, beaucoup moins développée en Occident qu'en Orient.

Les magazines féminins ont énormément œuvré pour informer les femmes sur leur corps et leur sexualité, et c'est tant mieux. Merci aux directrices de rédaction et aux journalistes. Il faut prendre garde cependant à ne pas assimiler les rapports sexuels à un produit de consommation comme un autre. Ne vous mesurez pas à l'aune des statistiques et ne vous dévalorisez pas si vous ne faites pas l'amour deux ou trois fois par semaine (c'est la fréquence hebdomadaire avouée par les Français). Si vous êtes une femme, ne vous jugez pas comme une nunuche si vous n'avez pas trouvé votre point G ou je ne sais quoi encore. Si vous êtes un homme, arrêtez de vous préoccuper de la taille de votre pénis au repos ou en érection.

La sexualité qui rend heureux, qui épanouit, ne relève pas de la performance et n'est régie par aucun diktat, par aucune règle, par aucune statistique. Elle est le bon plaisir de deux êtres, dans la liberté et le respect mutuels.

Il se peut que votre sexualité ait été jusque-là très satisfaisante et que vous rencontriez, depuis quelque temps, un problème. Ne vous enfermez pas dans votre difficulté. Parlez-en ensemble et adressez-vous à un médecin ou à un thérapeute. Ne considérez surtout pas cette libido en berne comme un échec, ou comme un état définitif, ou comme un non-amour de la part de votre partenaire. Il est rare que les couples aient une sexualité linéaire tout au long de leur histoire. Il y a des périodes sexuellement plus intenses que d'autres. Votre désir est profondément influencé par les circonstances de votre vie.

Vous venez d'être maman pour la première fois. Quelle aventure ! Votre libido est en sommeil. Vous n'avez pas encore retrouvé votre corps d'avant et vous doutez un peu de votre séduction. Vous êtes accaparée par votre nourrisson et vous manquez de temps et de sommeil. Vous développez beaucoup d'attention, de tendresse, d'affection envers ce petit être qui vous émerveille et vous déconcerte tout à la fois. Attention à veiller à donner une place à votre compagnon. Il est également papa pour la première fois. Ce n'est pas une phase facile pour lui. Lui aussi a vécu beaucoup d'émotions et de stress, et se retrouve soudain avec une compagne devenue mère. Il doit partager son amour et son territoire ! C'est fondamental que vous défusionniez d'avec votre bébé, le temps d'un dîner hebdomadaire, pour vous retrouver en amoureux. Reprenez des relations intimes en douceur, quitte à privilégier pour quelque temps d'autres jeux sexuels que la pénétration.

Autre cas fréquent, votre mari est très demandeur. Vous avez l'impression qu'il n'y a que cela qui l'intéresse. Il dîne avec vous et les enfants, il regarde la télévision, vaque à ses occupations, et à peine êtes-vous tous les deux au lit qu'il vous saute dessus. Vous avez de moins en moins envie de faire l'amour, cela le met de mauvaise humeur et vous commencez à vous poser des questions. Pour beaucoup d'hommes, la sexualité est un besoin, une détente, un bonheur et ne demande pas de conditions préalables particulières. Elle l'est également pour les femmes, heureusement ! Mais certaines ont besoin d'un climat propice, fait de tendresse, de complicité et d'intimité, pour éprouver du désir. Pour compliquer les choses, la plupart des hommes ne sont guère habitués à parler d'eux-mêmes, de leurs sentiments, de leurs ressentis, de leur journée, tandis que la majorité des femmes sont intarissables. Une différence dont traite avec beaucoup d'humour l'auteur américain John Gray dans une série de livres à succès, dont le célèbre *Les hommes viennent de Mars, les femmes viennent de Vénus*[1]. Vous pouvez expliquer à votre mari que vous avez besoin de plus de manifestations de tendresse, mais il aura peut-être -du mal à intégrer cette notion. Alors, amusez-vous et soyez créative. Mettez les programmes télévisés en vacances pour regarder ensemble, et tendrement unis, un film que vous aurez loué et qui vous plaît à tous les deux. Ou bien ouvrez une bouteille de bon vin et allumez des bougies. Faites-vous belle et vivez-vous en Shéhérazade. Revoyez les photos de vos vacances, celles de votre mariage, celles de fêtes joyeuses en famille. Trouvez des jeux de société qui vous fassent rire et communiquer. Passionnez-vous pour son sport favori et voyez des matchs avec lui. Autrement dit, ranimez la flamme. Il ne demande certainement que cela !

Certaines périodes difficiles – stress au travail, crainte d'être licencié, période de chômage – peuvent avoir aussi un retentissement sur votre vie sexuelle. La sexualité est une expression de l'amour mais elle n'est pas la seule. Cultiver encore davantage le dialogue avec votre conjoint, exprimer votre tendresse, dire votre affection, prendre des moments de détente ensemble sont très utiles pour traverser cette période. Bien sûr, tous les outils pour réaliser votre big-bang intérieur peuvent puissamment vous aider.

Ne laissez pas non plus des problèmes physiologiques perturber votre sexualité. Certaines femmes souffrent de sécheresse

---

1. John Gray *Les hommes viennent de Mars, les femmes viennent de Vénus*, J'ai lu.

vaginale dues, souvent, à des changements hormonaux, qu'elles soient ménopausées ou non. Cela rend les rapports moins faciles, voire douloureux. Il existe, en vente libre en pharmacie, des gels qui solutionnent facilement ce problème.

Certains hommes ont des problèmes d'érection. Si c'est votre cas, n'en faites pas un tabou ou un sujet de honte. Ne restez pas silencieux et replié sur vous-même. Parlez-en à votre médecin ou à un spécialiste qui détectera un problème circulatoire ou hormonal et le soignera. Enfin, ne liez pas la sexualité et l'érotisme à la seule pénétration.

D'autres souffrent d'éjaculation précoce. Si vous avez ce problème depuis longtemps, ou quelles que soient vos partenaires, un psychothérapeute ou un sexologue peut vous aider pour vous libérer de ce symptôme. Quelle est votre image de la sexualité, de la femme, de l'homme, du couple ? Quelle est votre conception du plaisir, sous toutes ses formes ? Avez-vous vécu des situations traumatisantes pendant votre enfance ou votre adolescence ?

Il se peut enfin que votre absence de plaisir avec les hommes ou que votre manque de désir avec les femmes soient dus à une homosexualité que vous refoulez, compte tenu des interdits de votre éducation. Vous avez alors à en prendre conscience, à vous accepter et à vous aimer tel que vous êtes.

25

J'AI DU MAL À ASSUMER MON HOMOSEXUALITÉ

Votre homosexualité vous fait peur. Il serait d'ailleurs plus juste de dire que ce n'est pas tant votre attirance pour une personne du même sexe qui vous pose problème que la réaction de votre entourage. Vous craignez d'être incompris, jugé, condamné. Vous craignez aussi de faire souffrir vos parents et certains membres de votre famille. Vous craignez enfin que la personne que vous aimez ou que vous aimerez ne soit pas accueillie et acceptée par vos proches. Dans certains cas, vous pensez aussi que cela peut vous nuire professionnellement ou affecter vos relations avec vos collègues. Si vous avez été élevé dans la pratique très stricte d'une religion, cela peut vous poser de graves dilemmes si cette religion condamne l'homosexualité.

Certains garçons, certaines filles s'aperçoivent très tôt de leur penchant homosexuel. Généralement, ils le taisent car ils se sentent différents de leur famille, de leurs camarades et s'interrogent, quelque peu perdus. Pour d'autres, c'est à l'adolescence qu'ils prennent conscience de leur inclination. Certains donnent le change et font croire à une relation hétérosexuelle privilégiée pendant quelque temps.

Il est de la plus haute importance de vous accepter et d'être en paix avec votre sexualité. Vivre en vous cachant ne peut pas vous apporter le bonheur à long terme. Quand vous serez prêt – mais ne tardez pas trop –, osez dire la vérité à vos proches. Plus vous serez en harmonie avec vous-même, plus votre famille le sentira et vous acceptera. Tous les homosexuels, hommes ou femmes, qui ont osé franchir le pas et faire leur *coming out* se sont sentis ensuite infiniment soulagés. Heureusement, les mentalités évoluent et l'homosexualité est de plus en plus acceptée, tout au moins en Occident.

Il arrive également que, malgré tous vos efforts pour vivre en couple avec une personne du sexe opposé, vous vous aperceviez que vous êtes, définitivement, davantage homosexuel ou lesbienne. Parfois, cela vous fait beaucoup souffrir parce que vous n'avez rien à reprocher à votre conjoint et que vous aimez vos enfants. Bien que vous ayez peur de faire du mal, osez dire, parler et dialoguer. Vous ne pouvez pas rester dans un mensonge qui vous dévaste, par respect pour vous-même et, aussi, par respect pour votre mari ou votre femme. Trouvez la meilleure des solutions ensemble.

26

CETTE PASSION M'OBSÈDE

Vous avez rencontré quelqu'un dont vous êtes tombé, soudainement ou progressivement, follement amoureux. Cette passion vous obsède nuit et jour. Vous ne pensez plus qu'à cela. Vous êtes rivé à votre téléphone, dans l'attente d'un appel ou d'un message. Vous passez des heures sur Internet à guetter vos e-mails, vous scrutez Facebook inlassablement. Vous traversez des hauts et des bas constants. Vous êtes dans l'enthousiasme et l'espoir si vous avez des nouvelles, dans l'angoisse et la désespérance si vous n'en avez pas, dans le ravissement et l'extase si vous vous voyez. Vous en perdez le sommeil et l'appétit. Les péripéties de votre relation deviennent votre unique sujet de conversation avec vos proches.

Vous êtes en train de vivre l'une des pires souffrances que puisse traverser un être humain. Car, pour que votre passion devienne à ce point douloureuse et obsessionnelle, il n'y a qu'une seule raison : votre amoureux ou votre amoureuse ne répond pas du tout à vos attentes. C'est parce que votre relation se passe mal qu'elle vous obsède. Mais vous ne voulez pas l'admettre. Vous vous accrochez désespérément. Vous vous entêtez. « Il va changer, j'en suis sûre », « C'est l'homme de ma vie, je le sens », « Elle va bien finir par réaliser combien je l'aime », « Pour l'instant, il ne souhaite pas s'engager mais il va changer d'avis », « Je comprends, elle a besoin de temps pour se décider », « Plein de couples ont eu des débuts difficiles et ils se sont quand même mariés », « Il m'a promis qu'il divorcerait l'année prochaine », « Sa femme est très malade et n'en a plus pour longtemps ».

Vos amis ont bien essayé de vous mettre en garde mais en vain, car vous refusez de les écouter. Pire, vous vous mettez en colère dès qu'ils n'abondent pas dans votre sens. Certaines personnes sollicitent alors l'avis de médiums. Les voyants et les voyantes ont l'habitude de ces situations, les personnes obsédées amoureusement constituant une large part de leur clientèle. Certains abondent dans votre sens et vous disent d'être patient, que la personne vous aime vraiment, de garder confiance et que les choses ne vont pas manquer de s'arranger comme vous le désirez. Vous terminez la consultation sur un petit nuage. Rapidement, comme la situation ne change pas, vous les consultez à nouveau. Heureusement, il y a aussi des médiums honnêtes. S'ils vous disent tout de go que la personne qui vous obsède ne vous correspond pas, ils savent que vous n'allez pas manquer de claquer la porte de leur cabinet pour courir vers d'autres adresses et devenir la proie idéale de voyants peu scrupuleux. Donc, ils essaient tout doucement, en ménageant la chèvre et le chou, de vous aider peu à peu à entendre raison.

Psychologiquement, l'état amoureux entraîne toujours un abaissement des défenses. Soudain, vous vous mettez à nu, au sens propre comme au figuré. Le premier lien d'amour, celui qui est le plus archaïque, est celui que vous avez tissé avec votre mère. Il se réactualise lors d'une passion amoureuse. Intervient également la relation que vous avez eue avec votre père. Sans travail sur soi, on s'aime comme nous a aimé notre mère. Et on s'estime comme nous a estimé notre père. Que cela se soit bien ou mal passé, on a tendance à reproduire ultérieurement les mêmes schémas. Si vous souffrez à ce point et que vous vous obstinez à rester dans cet enfer, c'est que quelque chose en vous vous y pousse. N'incriminez pas l'autre, remettez-vous en question. Être masochiste n'est pas naturel. C'est une conséquence de traumatismes psychologiques que vous avez vécus pendant votre enfance et votre adolescence.

Je vais vous parler franchement. Certes, votre ego et votre mental se jouent de vous. Mais votre être intérieur, ou votre soi, ou votre moi profond, sait très bien que cette personne n'est pas faite pour vous. La méditation, la relaxation, la visualisation peuvent vous aider à vous désidentifier de votre obsession. Pourquoi ne pas accepter l'évidence que vous connaissez en votre for intérieur mais que vous ne voulez pas admettre ? Pourquoi persister à souffrir pendant des mois, voire des années ? Pourquoi vous raconter des mensonges ou croire à ceux des autres ? La plupart des hommes mariés ne divorcent pas, malgré leurs promesses renouvelées. Il en est de même des amantes qui assurent qu'elles vont tout plaquer pour vous. Les épouses soi-disant malades se portent, la plupart du temps, comme des charmes, heureusement pour elles. Il serait plus sage de travailler sur vous et de comprendre pourquoi vous vous mettez – et vous vous maintenez – dans une telle dépendance, souffrant mille morts, acceptant tout et n'importe quoi, vous contentant de miettes d'amour éparses. Vous avez besoin d'apprendre à vous respecter, à vous aimer, à vous guérir des manques d'amour que vous avez vécus et qui vous font vous attacher, désespérément, à une personne qui vous maltraite et vous manipule. Vous méritez vraiment mieux. Réveillez-vous !

27

MON CONJOINT ME TROMPE

À moins que, d'un commun accord, vous acceptiez dans votre couple « les coups de canif dans le contrat », découvrir que votre conjoint vous trompe n'est jamais aisé. C'est même, généralement, une source de grande souffrance. Comment faire pour traverser au mieux cette épreuve ?

Il se peut que vous ayez, avant de vous unir, évoqué ensemble cette éventualité : « Je ne supporterai pas que tu me trompes. Pour moi, c'est ma limite. Si cela arrivait, je te quitterai. » Au moins, votre position sur le sujet avait le mérite d'être claire. Seulement, maintenant que « vous êtes au pied du mur », les choses ne sont pas si simples… Il se peut aussi que vous n'en ayez jamais parlé auparavant car, pour vous, la fidélité réciproque coule de source.

Vous souffrez. Vous vous posez mille questions. « Comment a-t-il pu me faire ça à moi ? », « Pourquoi m'a-t-elle trahi ? », « Et moi qui lui faisais confiance… », « Jamais je n'aurais pu imaginer qu'elle me trompe, je suis atterré ». Vous êtes dans la stupeur. Votre monde, tout d'un coup, s'écroule. Les années passées ensemble vous semblent, soudain, une illusion. Votre conjoint qui vous était si familier devient, brutalement, un étranger, avec

« son monde à lui ». Vous ressentez à la fois une grande blessure narcissique et une profonde trahison.

Ensuite, généralement, vous passez rapidement aux affres de la jalousie. Vous ne pensez plus qu'à l'autre, l'homme ou la femme qui a couché ou couche avec votre conjoint. Il arrive que cela devienne une obsession. « Qu'est-ce qu'elle peut bien avoir de plus que moi ? », « Qu'est-ce qu'il lui trouve d'irrésistible ? », « Qu'est-ce qui l'a séduite à ce point chez lui ? ». Dans certains cas, vous essayez désespérément d'avoir des informations, « Qui est-elle ? », « Qui est-il ? ». Vous partez à sa recherche, quitte à attendre des heures, en catimini, pour l'apercevoir quelques instants et tenter désespérément de comprendre. Vous essayez également d'en savoir plus sur leurs relations et vous vous torturez à propos du « où », « quand », « comment », « combien de fois »…

Pour peu que des blessures reçues pendant votre enfance et votre adolescence soient mal cicatrisées, elles ne manquent pas de se rouvrir. « Au fond, je ne mérite pas qu'on m'aime », « Je n'ai pas su la rendre heureuse », « C'est facile de trouver mieux que moi », « Je suis un raté et je ne gagne pas assez d'argent », « Je ne me débrouille pas bien au lit », « Je suis moche », etc.

Faire des scènes homériques à répétitions, poussé par la colère et le ressentiment, ne va nullement vous aider à résoudre votre problème. Essayons donc d'y voir plus clair.

Il y a tromperie et tromperie. Une tentation d'un soir est, la plupart du temps, une simple relation sexuelle sans lendemain. Ce n'est pas une raison, allez-vous me rétorquer. Je sais. Demandez-vous quand même si cela vaut la peine que vous envoyiez tout balader. Il n'y a que vous qui puissiez répondre à cette question. Mais ne réagissez pas « à chaud ». N'écoutez pas votre ego mais votre être intérieur. Prenez le temps de vous centrer et de prendre la décision juste pour vous.

Il faut aussi rappeler que certaines personnes (en majorité des hommes, mais c'est aussi le cas de certaines femmes) ont besoin de séduire pour se rassurer, se sentir exister, mettre du piquant dans leur vie. Dans leur esprit, cela ne va pas plus loin que cela. Pour eux, leurs coups de canif dans le contrat ne remettent pas en cause leur couple. Ils ont leur épouse qu'ils aiment, elles ont leur mari qu'elles aiment, et ils batifolent de temps à autre, parfois fréquemment. Certains conjoints qui ne le supportent pas divorcent. « Je ne pouvais plus vivre avec ses infidélités et ses mensonges. » D'autres s'en accommodent. « Mon mari est très porté sur le sexe. Je ferme les yeux sur ses incartades car nous avons toujours une vie intime intense et très agréable, après vingt-deux ans de mariage. C'est peut-être le prix à payer. »

La situation est différente si votre conjoint entretient une relation suivie avec quelqu'un d'autre. Il ne s'agit plus là d'une relation sexuelle épisodique, même renouvelée avec plusieurs partenaires. Certains hommes et certaines femmes conjuguent deux amours, sans pour autant souhaiter divorcer, et seul l'amant (ou l'amante) connaît l'existence de la première personne. Ces « infidèles » affirment qu'ils aiment les deux. D'autres compensent ce qui leur manque dans leur mariage par une relation secrète. D'autres encore s'arrangent plus ou moins inconsciemment pour que leur conjoint apprenne leur double vie, quand leur secret devient trop lourd à porter, au fil des années.

Il s'agit maintenant de savoir comment vous pouvez faire face à cette découverte. Certes, vous n'êtes pas obligé de rester dans un couple à trois. Cependant, cette situation difficile, douloureuse, vous invite à vous interroger pour pouvoir évoluer et poursuivre votre chemin vers le bonheur. Même si vous choisissez de divorcer. Au lieu de vous déchirer avec votre conjoint, de le haïr, essayez de savoir si quelque chose dans votre relation l'a fait souffrir au point d'aller chercher son bonheur ailleurs. Si c'est son alchimie intérieure qui le prédispose à une double relation, voyez comment vous pouvez vivre cette situation. Interrogez-vous également sur votre histoire familiale. Votre père ou votre mère ont-ils été fidèles ? Quelles étaient leurs relations de couple ? Avez-vous reproduit quelque chose de votre passé en tombant amoureux de votre conjoint ? Avez-vous grandi dans une morale à la rigidité étouffante et avez-vous été séduit par une personne qui représentait l'opposé de vos parents ? Avez-vous toujours manqué de confiance envers le sexe opposé et vécu dans la peur d'être trompé ?

Certaines personnes, constamment sur le qui-vive, n'hésitent pas à fouiller, surveiller, enquêter, suspectant toujours leur conjoint, persuadées d'être trompées alors qu'il n'en est rien. Cette insécurité pathologique provoque souvent l'effet inverse. « Je n'en pouvais plus de ses scènes alors que j'étais fidèle. Un jour, j'ai rencontré une jeune femme très séduisante. J'ai craqué en me disant que, puisque de toute façon c'était l'enfer à la maison à ce sujet, autant passer à l'acte. Le problème, c'est que nous sommes tombés vraiment amoureux et que j'ai maintenant une vie parallèle. »

Parfois, il arrive qu'une infidélité soit pour le couple l'occasion d'une prise de conscience mutuelle. Cela demande beaucoup de travail sur soi, de part et d'autre. Cela exige beaucoup d'humilité, de patience et d'amour, aussi bien pour la personne blessée que pour celle qui a blessé. Vous pouvez découvrir ensemble ce qui pose problème dans votre couple. Vous pouvez vous expliquer et vous comprendre, vous remettre en question et décider de changer mutuellement. Vous pouvez vous pardonner. Cette crise devient alors l'occasion d'une renaissance de vous-même et de votre couple.

28

UNE AUTRE PERSONNE M'ATTIRE

Vous vivez en couple et vous ressentez de l'attirance pour quelqu'un d'autre. Là aussi, il y a plusieurs cas de figure.

Avant de passer à l'acte, prenez le temps de réfléchir à ce que cela représente pour vous. Est-ce que cela vous valorise ? Est-ce que cela vous redonne confiance en vous ? Est-ce que cela vous rajeunit ? Est-ce que cela met du piquant dans votre vie ? Est-ce que la relation avec votre conjoint s'est affadie ? Est-ce que vous avez peur de divorcer et que vous cherchez des compensations parallèles ? Est-ce que vous traversez une crise personnelle ? Franchir le pas n'est pas sans danger. Vous risquez de faire souffrir. Vous risquez également de vous prendre à votre propre piège. Pour vous, il s'agit uniquement de sexualité. Mais la personne qui vous attire est un être humain, avec ses attentes et ses affects. Cette femme, cet homme peut très bien s'attacher. Vous-même pouvez « tomber » amoureux. Ce n'est pas facile de gérer une relation extraconjugale. Votre conjoint peut l'apprendre ou le pressentir ; les femmes ont souvent des antennes pour deviner les incartades de leur conjoint. Sachez aussi que passer à l'acte ne réglera sans doute pas les problèmes qui sont à l'origine de votre désir pour quelqu'un d'autre. Vous allez en fait vous compliquer la vie et compliquer celle des autres.

Il se peut également que vous ayez constamment besoin de séduire. Vous êtes un coureur de jupons invétéré ou une séductrice compulsive. Ce comportement est la conséquence de profondes blessures psychologiques. Mais, généralement, l'idée de vous soigner pour vous libérer de votre esclavage ne vous vient même pas à l'esprit. Il y a, malheureusement, longtemps que vous vous êtes « perdu de vue ». Vous préférez vous contempler dans les miroirs que constituent vos multiples conquêtes. Quitte à les briser en les dévastant… Votre avidité est un puits sans fond qui ne vous apporte nulle satisfaction véritable. Avancer en âge vous terrorise.

Autre situation, vous ressentez une attirance profonde et êtes en train de tomber amoureux. Vous vivez sur un petit nuage, retrouvant des émois que vous aviez oubliés depuis longtemps. Autrement dit, vous renouvelez avec un inconnu ou une inconnue ce qui vous avait tant charmé au moment de la rencontre avec votre conjoint. Tout nouveau, tout beau. C'est beaucoup plus facile de se laisser séduire par quelqu'un avec qui l'on ne partage que des moments privilégiés, en cachette. Avec votre conjoint, il y a l'habitude, le quotidien, les factures, les soucis.

De deux choses l'une. Soit c'est le moment de faire le point avec votre conjoint et d'améliorer ensemble votre couple. Réveillez-vous, retrouvez-vous, transformez votre relation, rendez-la vivante et joyeuse. Soit il est temps de tourner la page. Vous vous êtes fait des illusions. Vous n'avez pas évolué de la même façon et trop de divergences vous séparent désormais. Alors, ayez le courage de divorcer. Faites le travail sur vous-même pour vous libérer de ce qui vous a conduit dans cette impasse. Vous avez mieux à offrir à la personne rencontrée que d'être la femme ou l'homme de l'ombre. Prenez le temps de connaître véritablement votre nouvel amour, au lieu de ne lui consacrer que du temps volé, à force de mensonges et d'acrobaties dans votre emploi du temps.

Envisageons maintenant un autre cas de figure : vous réalisez que, en fondant votre couple, vous avez obéi à la pression sociale, à l'influence de votre famille, aux modèles en vigueur. Aimer une personne, lui être fidèle, partager le quotidien avec elle n'est pas votre tasse de thé. Vous vous ennuyez ferme. Vous avez l'impression d'avoir un fil à la patte. Vous étouffez. Vous vous sentez en prison. Vous voulez retrouver votre liberté et les charmes du célibat.

Plusieurs de mes patients ont ainsi pris conscience que le couple traditionnel n'était pas fait pour eux. Ils se sont épanouis en ayant plusieurs relations amicales et sexuelles. Pour ne pas faire souffrir leurs partenaires et leur permettre de choisir en connaissance de cause si ce type de relation leur convenait ou non, ces personnes ont été très claires. « Je ne souhaite pas m'engager, je tiens à mon indépendance et à ma liberté. Nous pouvons partager des soirées, des week-ends, des vacances ensemble. Mais ne fais aucun projet d'avenir avec moi. Je ne souhaite ni vivre avec quelqu'un, ni promettre la fidélité. »

L'attirance pour quelqu'un d'autre, lorsqu'elle survient, peut être une sonnette d'alarme. Elle vous questionne sur l'évolution de votre vie et celle de votre couple. Allez-vous choisir de faire le point avec votre conjoint, de transformer ce qui s'est éteint ou vous pose problème pour ensuite repartir ensemble vers une relation plus approfondie, plus vivante, plus heureuse ? Ou allez-vous constater qu'il est temps de mettre fin à une relation qui ne vous convient plus et d'évoluer, lucidement et sereinement, vers une nouvelle étape de votre vie, plus en harmonie avec vous ?

29

J'AI PEUR DE NE PAS SAVOIR ACCOMPAGNER MES ENFANTS

Il n'est pas toujours facile d'être parents ! Vous projetez énormément de choses sur vos enfants, en fonction de votre propre histoire et de celle de votre famille. Vous avez des attentes, vous avez des craintes. Par exemple, c'est très important pour vous qu'ils soient de bons élèves, qu'ils réussissent leurs études. Vous estimez que cela leur permettra d'exercer un métier intéressant qui leur procurera un niveau de vie confortable. Ou bien vous avez peur de faire des erreurs, qu'ils soient « mal élevés », qu'ils ressemblent à certains membres de votre parenté que vous n'appréciez pas, qu'ils « tournent mal ».

Vous avez aussi à réaliser votre big-bang intérieur concernant vos enfants pour changer votre vie et, par conséquent, la leur. Je reconnais que c'est exigeant mais cela en vaut vraiment la peine…

Vos enfants – à qui vous avez donné un corps, dont vous vous occupez avec vigilance et avec amour, qui requièrent votre attention, votre temps, votre patience, votre énergie – naissent avec une personnalité. Vous êtes là pour les accompagner à devenir eux-mêmes. Ne cherchez pas à les transformer en ce que vous vous voudriez qu'ils soient. Ne leur imposez pas les références de votre famille ni celles de votre conjoint. Faites en sorte qu'ils se réalisent pleinement. Ce qui ne veut pas dire que vous allez leur laisser la bride sur le cou en leur permettant tout.

Il y a quatre choses fondamentales que vous pouvez leur apporter. Cela va vous demander de travailler sur vous. Car vous ne pouvez pas donner ce que vous n'avez pas vous-même intégré…

La première base d'une éducation positive est de faire que votre enfant ait confiance en lui. Si vous ne vous aimez pas vous-même, que vous doutez de vous, que vous vous critiquez sans cesse, vous allez projeter la même chose sur la chair de votre chair. Stop ! Si vous vous tracassez à son sujet, votre fils ou votre fille ne va pas manquer de le remarquer. Lorsque vous vous inquiétez pour votre enfant, il ressent qu'il ne vous donne pas satisfaction et qu'il vous déçoit. Il en déduit qu'il n'est pas à la hauteur, il se replie sur lui-même et se culpabilise. Ses résultats scolaires ne sont pas bons ? Au lieu d'en déduire qu'il est paresseux ou qu'il manque d'intelligence, cherchez la cause. Allez voir l'enseignant. Il se peut que votre enfant n'ait pas compris quelque chose d'important dans une matière, qu'il lui manque des bases pour suivre et progresser, qu'il ait des difficultés à fixer son attention ou à se concentrer, qu'il souffre d'une dyslexie non détectée, qu'il traverse une passe difficile, qu'il soit très fatigué. Faites-le aider par une personne compétente : enseignant approprié ou thérapeute adéquat. Veillez aussi à lui assurer une vie équilibrée en limitant les heures passées devant l'ordinateur ou la console de jeu, en veillant à ce qu'il ait son compte de sommeil, une alimentation saine, une activité physique, des moments pour souffler.

La deuxième base d'une éducation positive est de donner à votre enfant confiance en la vie. Il a une place sur cette terre. Il faut qu'il puisse développer ses aptitudes, ses qualités, ses centres d'intérêts, pour se réaliser et être utile aux autres. Cela implique de lui apprendre à être à l'écoute de lui-même, de ses aspirations, de sa voix intérieure, de son être intérieur. Cela implique aussi de lui donner le sens de l'effort, de façon mesurée et équilibrée, pour réaliser ses buts. Trop de rigidité brime et étouffe une personnalité. À l'opposé, l'absence de discipline handicape lourdement la concrétisation de ses rêves.

La troisième base d'une éducation positive est de prêter beaucoup d'attention au monde affectif de votre enfant. En général, les parents veillent particulièrement au développement de l'intellect et aux soins du corps, tels que l'hygiène, l'alimentation, l'exercice physique. Ils répondent également aux questions concernant la sexualité, ce qui n'était pas le cas autrefois. Mais l'éducation parentale a trop souvent tendance à éluder les émotions, les ressentis, les sentiments. L'école agit d'ailleurs de même en évacuant totalement des programmes l'étude du fonctionnement psychique de l'être humain. Incroyable mais vrai… Du coup, la plupart des adultes sont infantiles affectivement. Ils sont prisonniers de leurs affects et ils les subissent sans savoir les gérer. Vos enfants ont besoin de découvrir les nombreuses facettes de l'amour. Ils ont également besoin d'apprendre à canaliser leur jalousie, leur colère, leurs sentiments négatifs. Ils ont à découvrir, avec votre aide et votre soutien, comment rentrer en relation avec les autres, comment mieux les comprendre, comment éviter de critiquer ou de juger leurs camarades.

La quatrième base d'une éducation positive est de proposer à votre enfant des valeurs qui vont lui être utiles tout au long du chemin que sera sa vie. Apprenez-lui à se respecter, à respecter les autres, à respecter le monde qui l'entoure. Que vous soyez athée ou croyant, et quelle que soit votre appartenance religieuse, donnez-lui le sens du sacré, c'est-à-dire de la gratitude, de la beauté, de l'harmonie, de la tendresse, de la générosité, du service aux autres, de l'enthousiasme, de l'émerveillement.

Enfin, il est de la plus haute importance que vous preniez du temps pour dialoguer avec vos enfants. Quand vous fixez des limites, quand vous donnez des consignes, des ordres, quand vous punissez, expliquez pourquoi vous le faites. Si vous vous êtes énervé plus que de raison, si vous avez dépassé les bornes parce que vous vous sentiez exaspéré, n'hésitez pas à vous excuser. Personne n'est parfait, vous non plus. Expliquez aussi à vos enfants que vous avez le droit d'être fatigué et que ne pas arriver à vous faire entendre et obéir est loin d'être une sinécure.

Plus vous allez échanger avec votre enfant, plus votre relation avec lui va être riche, intense, formatrice. Attention toutefois à ne pas vous transformer en « copain » de vos fils et de vos filles. Gardez votre place de parent, c'est-à-dire d'éducateur. Ce qui implique de l'amour mais aussi de la fermeté, sans toutefois tomber dans la rigidité. Parfois, vos enfants ne vont pas « vous porter dans leur cœur ». Cela fait partie de la règle du jeu… Ce peut être une bonne occasion pour leur expliquer ce qu'est l'ambivalence affective. Ils vous aiment, beaucoup, mais de temps à autre ils vous rejettent et vous détestent. Il en est de même avec leurs frères et sœurs, ou avec leur meilleur ami.

30

L'ADOLESCENCE, C'EST DIFFICILE

L'adolescence est une période de mutation et de transformation nécessaire entre l'enfance et l'âge adulte.

Le premier bouleversement est hormonal: corps mature, pilosité, sperme, poitrine, menstruations, mue de la voix. Ce qui n'est pas sans déstabiliser les intéressés, même s'ils sont satisfaits de grandir. La libido, les relations affectives avec l'autre sexe deviennent de grands sujets de préoccupation. Certains découvrent leur attirance homosexuelle et n'osent pas toujours l'exprimer, par peur des réactions de leur famille ou de leurs camarades.

L'adolescence est une période de profondes interrogations sur le sens de sa vie, sur la société, sur ses propres valeurs et ses propres idéaux. Elle entraîne certaines remises en question, contestations et rébellions qui ne sont pas sans inquiéter les parents. La notion d'appartenance à un clan, à une génération, avec ses codes, ses signes de reconnaissance, ses modes de ralliement, devient très importante et les relations amicales sont prépondérantes. On parle d'une certaine manière, on s'habille d'une certaine façon, on écoute certaines musiques, on partage certaines références culturelles, on passe des heures sur des forums et les réseaux sociaux d'Internet.

C'est aussi une période où l'on flirte avec certaines transgressions. « Et si j'essayais ? », « Jusqu'où je peux aller ? », « Quelles sont mes limites ? ». On expérimente, parfois dangereusement.

Ce n'est pas facile pour vous, parents, car vous ne reconnaissez pas forcément vos enfants. Ils ont des sautes d'humeur, ils traînent des pieds, ils râlent pour tout et pour rien, ils sont impolis, ils vous répondent. Ils veillent la nuit jusqu'à point d'heure. Parfois, ils font des bêtises. Vous ne savez pas trop comment vous y prendre. Dialoguer devient de plus en plus difficile. Vous vous tracassez beaucoup. Vous avez peur des mauvaises fréquentations, de la drogue, des maladies sexuellement transmissibles.

La première des choses est d'accepter cette étape, de la considérer comme normale, même si elle est souvent pénible. La bonne nouvelle est qu'elle ne va pas durer éternellement. Ouf !

Évitez de prendre de front vos adolescents quand ils sont en pleine crise d'agressivité. Attendez que l'orage passe. Parlez leur ensuite, calmement mais fermement.

Ne baissez pas les bras. Ils vous testent, plus ou moins consciemment. Fixez des limites, ils en ont besoin. Même s'ils rechignent ou se rebellent. Ne les laissez pas se prendre à leur propre jeu. Ce qui les conduirait à une escalade de comportements excessifs pouvant flirter, parfois, avec la délinquance.

N'hésitez pas à leur dire les qualités que vous appréciez chez eux, félicitez-les pour tout ce qui est positif, encouragez-les à se réaliser. Ne les laissez pas s'enfermer dans une mauvaise image d'eux-mêmes qui deviendrait un cercle vicieux pernicieux. Étiquetés comme mal embouchés, insupportables, odieux, ils continueraient de l'être.

Comme ils grandissent, vous pouvez maintenant aborder beaucoup plus de sujets avec eux. Veillez à leur donner une éducation sexuelle mais, aussi, à leur parler de l'amour, du couple, des différences psychologiques entre les hommes et les femmes. Essayez de vous intéresser aux choses qui les passionnent, afin de favoriser vos échanges. Et cela vous fera découvrir des choses nouvelles, ce qui est toujours agréable et stimulant.

Invitez leurs copains chez vous. Faites leur connaissance, sans vous imposer. Il est souvent précieux, pour un adolescent en crise avec ses parents, d'entendre leurs camarades dire : « Ta mère, elle est super-sympa à côté de la mienne » ou « Ton père est vachement bien, tu as de la chance ». Cela leur permet de relativiser. Leur famille n'est peut-être pas si nulle que cela… Et celle des autres ne semble pas forcément plus idyllique !

Certains adolescents qui se chamaillaient, plus jeunes, avec leurs aînés se rapprochent soudain d'eux. Il est plus facile de se confier et d'échanger avec quelqu'un qui est passé par là, deux ou trois ans plus tôt. Par ailleurs, si l'on est garçon, une sœur plus âgée peut être une excellente conseillère en ce qui concerne les relations féminines. Il en est de même avec un grand frère lorsque l'on devient une jeune fille.

Remontez dans vos souvenirs. Vous aussi avez été adolescent. Vous allez sans doute me répondre que vous n'avez pas fait le quart des « bêtises » de votre fils ou de votre fille ou que, « de mon temps », on respectait ses parents. Même si votre comportement était plus réservé et plus discret, vous vous êtes également posé, à cette période, mille questions et vous avez remis en cause l'ordre établi qui vous paraissait « trop politiquement correct ». Vous remémorer votre adolescence peut vous aider à mieux comprendre celle de vos enfants.

31

MON ENFANT A DES DIFFICULTÉS DANS SES ÉTUDES

Vous avez des soucis car votre enfant a des difficultés en classe ou rate ses études supérieures. Cela vous inquiète beaucoup. Dans certains cas, cela vous obsède : « Que va-t-il bien pouvoir devenir ? ».

Lui aussi, même s'il ne l'exprime pas forcément, en est affecté. Être en situation d'échec scolaire ou universitaire n'est jamais confortable. Ses piètres résultats l'incitent à développer une image négative de lui-même. Elle lui colle à la peau et il s'en sent prisonnier. Ses relations avec les autres élèves s'en ressentent. Cela complique beaucoup ses rapports avec vous et le reste de la famille. Comment sortir de ce cercle vicieux ?

Première hypothèse, votre enfant n'aime pas ce qu'il fait. Il s'ennuie ferme à l'école. Les programmes scolaires lui paraissent étrangers à ce qui l'intéresse véritablement. Essayez de l'aider à envisager la situation autrement. Faites-le réfléchir au futur. Ce qu'il apprend lui donne les bases d'une culture qui lui sera très utile ultérieurement. Si les cours de français l'ennuient, expliquez-lui que comprendre un texte, savoir l'analyser, en faire la synthèse, exprimer son point de vue lui sera fort précieux dans sa vie professionnelle et relationnelle. Écrire sans faire de fautes d'orthographe ou de grammaire lui sera également très profitable, y compris dans sa vie sociale et affective. Si c'est la géographie qui le fait bâiller, cela changera sans doute quand il voyagera. Conseillez-lui de regarder sur Internet des photos et des reportages concernant les pays qu'il étudie. Si c'est l'histoire ou l'économie qui lui pèsent, montrez-lui que ces connaissances lui permettront de mieux comprendre la société dans laquelle il vivra et de participer à son évolution en connaissance de cause. Autrement dit, essayez de rendre concret, intéressant, vivant ce qu'il apprend actuellement. C'est ce que font les excellents professeurs qui captivent leurs élèves. Plus il va se passionner, plus sa scolarité va devenir légère et joyeuse.

Si votre enfant devenu adulte est en échec dans les études dites supérieures, il peut être mal orienté. Beaucoup de bacheliers ne savent pas vers quoi se diriger et choisissent, sans aucune passion, un cursus qui ne leur correspond pas vraiment. Si c'est le cas, encouragez-le à changer à la prochaine rentrée. De même, parlez-lui de toutes les solutions qu'il a à sa disposition pour s'informer. Il peut se rendre à des forums et des salons d'information spécialisés. Il peut poser des questions à des professionnels. Il peut trouver des stages non rémunérés qui lui font « toucher du doigt » la réalité d'une activité.

Certains parents, croyant faire pour le mieux, usent lourdement de leur influence pour que leurs enfants embrassent une profession idéale à leurs yeux ou à ceux de leur famille. Tout le monde n'est pas fait pour être professeur, ou ingénieur, ou médecin, ou juriste, etc. Vous souhaitez que votre enfant réussisse et soit heureux. Même si cela vous déçoit beaucoup sur le moment, laissez-le embrasser la voie qui lui plaît. Vous ne le regretterez plus, ensuite, quand vous le verrez épanoui et réalisé.

Deuxième hypothèse, votre enfant est motivé mais il a des problèmes pour suivre.

Il arrive, la plupart du temps, que certaines bases fondamentales lui manquent. Beaucoup de jeunes élèves ont des carences en lecture, en écriture, en calcul. Plus âgés, ils ont des déficiences en sciences, en langues, ou dans d'autres matières. Vous ne vous en rendez pas toujours compte, ses professeurs non plus. Ne vous laissez pas enfermer dans un processus infernal où vous ne cessez de le critiquer, de lui crier dessus, de le punir. Malgré ses efforts, il est largué et n'arrive plus à suivre. Des cours de rattrapage, un soutien scolaire peuvent changer sa scolarité en le remettant à niveau.

Il se peut aussi que votre enfant ne sache pas bien s'organiser. Je suis toujours très étonnée que l'on n'apprenne pas comment travailler aux élèves et aux étudiants. Écouter, prendre des notes, réviser ses cours, les apprendre nécessitent un apprentissage et de la méthode. N'hésitez pas à en parler avec lui, ou à lui suggérer de demander conseil à un professeur qu'il aime bien, ou à un camarade qui a de bons résultats. Il existe trois canaux de mémorisation : la mémoire visuelle, la mémoire auditive, la mémoire kinesthésique. Chacun utilise, selon sa personnalité, un premier canal prioritaire et un second qui vient en relais. Marie a, avant tout, une mémoire visuelle. Elle a besoin de recopier clairement ses notes, de souligner, de surligner, d'utiliser certaines couleurs. Comme elle a aussi une bonne mémoire auditive, mais à un moindre degré, elle relit parfois ses cours à haute voix. Jean, lui, est avant tout kinesthésique, c'est-à-dire que le mouvement l'aide à enregistrer et à se souvenir. Il a un tableau dans sa chambre sur lequel il écrit et répète ses cours. Il aime aussi relire ses leçons en marchant dans le couloir de la maison ou le jardin. Alice est prioritairement auditive. Pour apprendre, elle imagine qu'elle enseigne à d'autres et leur fait, à haute voix, une conférence sur le sujet.

Votre enfant peut également rencontrer d'autres difficultés. Odile fait des fautes d'étourderie pendant les interrogations écrites à l'école. Elle panique de crainte de ne pas avoir assez de temps. Il est important pour elle de se relire au moins deux fois, sinon trois, au cours de l'exercice. À l'inverse, Pierre répond correctement du premier coup, puis il doute de lui et fait, à la dernière minute, des corrections erronées. Il doit s'obliger à ne plus agir ainsi.

Pour terminer, je voudrais expliquer ce que sont une « personnalité active » et une « personnalité non active ». Quand un enfant est « actif », il travaille régulièrement et méthodiquement. Il fait ses devoirs, apprend ses leçons sans rechigner, et quand c'est fini, il passe à autre chose. Souvent, il est « du matin » et il aime faire du sport. Quand un enfant est « non actif », il en va tout autrement. Se mettre à ses devoirs est tout un problème. Il est rebelle aux contraintes, qu'il voit comme une prison. Il aime le plaisir de l'instant, s'intéresse en général à plein de choses, adore se coucher tard. Et, généralement, les parents s'arrachent les cheveux. Il est le spécialiste du travail fait dans l'urgence, la veille au soir ou le dimanche jusqu'à point d'heure. Vous pouvez aider votre enfant à mieux gérer sa procrastination. Au lieu de le traiter de paresseux, faites-lui prendre conscience qu'il a fait un travail de maturation au préalable. S'il a été capable de faire ses devoirs en un temps record, c'est qu'il y avait pensé avant. Un des moyens pour lui de se rendre la vie plus facile est de prendre des notes, de commencer un peu moins tardivement, d'éviter de se stresser par manque de temps. Au lieu de piaffer devant la contrainte, mieux vaudrait la gérer autrement afin de ne pas l'alourdir encore davantage. En tant que parent, ne vous inquiétez cependant pas trop… La personnalité non active agit essentiellement par motivation. Plus tard, quand votre enfant aura grandi et qu'il aura trouvé une activité qui le passionne, il deviendra un bourreau de travail.

32

J'AI DES SOUCIS D'ARGENT

Avoir des soucis d'argent est une épreuve difficile. Vous pouvez ressentir de l'inquiétude, de l'angoisse, voire de la panique. Vous pouvez également vous sentir limité, frustré, triste, dépressif. Tous les outils que nous avons décrits précédemment vont vous aider puissamment pour vous concentrer sur les solutions et ne pas vous enfermer dans le manque et la désespérance. Faire votre big-bang intérieur concerne aussi vos finances.

La première étape consiste à ne pas faire l'autruche. Par exemple, ne plus ouvrir vos factures ne solutionnera pas votre problème. Prenez-vous en main. Faites courageusement le bilan de votre situation. Si vous ne pouvez pas régler certaines échéances, ne disparaissez pas dans la nature, allez voir les organismes et les personnes concernées. N'ayez pas peur. Négociez des délais auprès de votre banque, de votre propriétaire, des impôts, etc.

Vous culpabiliser, regretter le passé, ce que vous avez fait ou ce que vous n'avez pas fait, ne sert absolument à rien. Concentrez-vous sur le présent.

Réfléchissons maintenant ensemble à la notion d'argent et à celle d'abondance. Comme la sexualité, l'argent est une énergie qui a été malmenée, mal comprise, mal vécue. Les générations précédentes ont connu la guerre, ont été élevées dans le culte de l'effort, du devoir, du sacrifice, de l'économie, de l'épargne. Le plaisir, sous toutes formes, était très mal vu. « Un sou est un sou », « L'argent est trop dur à gagner, il ne faut pas le jeter par les fenêtres », « Garder une poire pour la soif est important », « C'est nécessaire de se constituer un matelas pour les coups durs ». Toutes ces notions portent en elles les germes du mal-être et de toutes sortes de difficultés. Elles sous-entendent que l'argent est une denrée rare, que dépenser est coupable, que le travail est forcément pénible. Elles attirent les catastrophes redoutées puisqu'on les attend et qu'on s'y prépare activement.

Certains enseignements, mal compris, de la religion catholique ont largement contribué à propager une image négative de l'argent. « Bienheureux les pauvres en esprit » ne veut nullement dire « Bienheureux les fauchés ». Cela signifie bienheureux ceux qui lâchent leur « petit moi », leur ego, leurs points de vue, leurs désirs que les choses se passent comme ils le veulent, et pas autrement, et que les autres soient et agissent comme ils le désirent, sinon gare à eux.

Il se peut que les signes extérieurs de richesse vous gênent, vous agressent, vous mettent en colère, ou que vous les trouviez franchement indécents. Il se peut aussi que vous n'aimiez pas les gens qui ont de l'argent. Vous les trouvez prétentieux, suffisants et arrogants. Parfois, vous les suspectez d'être profiteurs et malhonnêtes. Il se peut, également, que vous n'aimiez pas l'argent lui-même qui, à vos yeux, pervertit les relations humaines et est la source de bien des maux.

« Ce n'est pas mon cas », allez-vous peut-être me dire. « Moi, j'aime l'argent », « J'y pense tout le temps », « C'est mon plus gros souci », « Je rêve d'en avoir plus ». Il serait plus juste de dire que vous êtes obsédé par l'argent parce que vous en manquez et que c'est un tracas permanent. Ou que vous redoutez de perdre le peu que vous avez car rien n'est sûr aujourd'hui.

Dans vos rêves les plus fous, gagner le gros lot à l'Euromillion serait la chance de votre vie, la panacée universelle, la solution miracle. Malheureusement, la plupart des « heureux » gagnants perdent tout en quelques années. Demandez-vous plutôt ce que vous feriez avec cet argent ? Si, à part quelques changements de confort matériel pour vous et ceux que vous aimez, de plaisirs supplémentaires (ah ! les lagons de Tahiti et des îles de la Société !), vous n'envisagez pas de changer l'essentiel de votre vie, c'est que vous avez trouvé votre voie. Si ce n'est pas le cas, n'hésitez pas à transformer ce qui peut l'être dès maintenant, même sans gros lot.

Si vous prenez le temps de contempler la nature, vous percevez une tout autre réalité que celle que vous voyez aux actualités télévisées ou que vous lisez dans votre journal. Tout est abondance, profusion, luxuriance, créativité, puissance, adaptabilité, renouveau. L'herbe pousse, les fleurs éclosent au fil des saisons, les oiseaux chantent, les papillons et les insectes volent. Les feuilles vertes des arbres bruissent, elles roussissent à l'automne puis tombent et seront remplacées par des bourgeons qui éclateront au printemps. La vie est partout, sans se restreindre ou compter le moins du monde. Il faut plusieurs millions de spermatozoïdes pour féconder un ovule. Parallèlement, au cours de sa période de fertilité, une femme produit des dizaines de milliers d'ovocytes. Pas un seul cristal de neige n'est identique à l'autre. Ce qui signifie des milliards et des milliards de créations différentes qui, pourtant, fondront plus ou moins rapidement. Quelle beauté, quelle inventivité, quelle générosité… Certaines espèces animales peuvent s'éteindre, mais d'autres, parallèlement, apparaissent. La pollution que nous faisons subir à la planète entraîne, un peu partout dans le monde, des conditions climatiques plus extrêmes, plus de canicule, plus de sécheresse, plus de neige, plus de froid, plus de pluie, plus d'inondations, plus de vent.

L'être humain fait partie de l'univers, il n'est pas condamné – lui, le seul et l'unique –, à la privation, au manque, à la pauvreté, à la désespérance, au malheur. Cela n'a pas de sens.

Nous ne sommes pas des êtres isolés, chacun dans son coin. Nous sommes tous unis les uns aux autres, nous sommes tous unis à l'univers. Nous avons à changer notre niveau de conscience par rapport à la prospérité. Nous vivons une hypnose collective, celle de la limitation et du manque, qui ressemble à un terrible cauchemar. Réveillons-nous le plus vite possible.

Imaginez votre existence si l'argent n'était plus un problème pour vous. Incroyable… Vous pouvez satisfaire vos besoins et ceux de votre famille, sans la moindre difficulté, sans vous poser aucune question. Vous pouvez aussi aider les autres, si tel est votre désir. Que ce soit des personnes de votre entourage ou des êtres plus défavorisés de par le monde. Pas forcément, d'ailleurs, sous une forme financière. Une très belle phrase de la sagesse zen dit : « Si quelqu'un a faim, ne lui donne pas du poisson, apprends-lui à pêcher. » Je vous entends d'ici pousser un énorme soupir de soulagement. Quel bonheur ! Il vous pousse des ailes ! Bravo, vous venez de découvrir ce qu'est, psychologiquement et spirituellement, l'Abondance financière, la vraie. Cela n'a rien à voir avec le fait d'être milliardaire. Vous avez suffisamment, avec un léger surplus bien agréable, pour que l'énergie de l'argent circule librement dans votre vie. Tout est fluide, comme l'eau qui coule. Vous ne thésaurisez pas de manière à retenir le courant et créer un barrage. Vous savez que vous ne manquerez jamais de rien, que vos besoins seront satisfaits. Votre sécurité est ailleurs, dans votre connexion à l'énergie d'abondance.

Vous allez solutionner vos problèmes financiers en transformant votre attitude par rapport à eux. L'abondance commence en vous, oui en vous, pas à l'extérieur. Et dès maintenant, à la minute précise. C'est une super bonne nouvelle, n'est-ce pas ?

Ce qui peut tout changer, immédiatement, c'est que vous deveniez conscient, enfin, que l'être humain est fait pour l'abondance. Que vous y avez pleinement droit parce que c'est votre véritable nature. Votre moi profond, votre soi, votre être intérieur est confortable financièrement, en bonne santé, plein d'amour. Centrez-vous sur lui, confiez-lui votre problème, soyez sûr qu'il va trouver la ou les solutions. N'anticipez pas sous quelles formes, ce n'est pas de votre ressort, laissez-le œuvrer. Lâchez prise. Votre travail à vous est une vigilance de tous les instants : vous ressentir, dès maintenant, dans la paix, la joie, la confiance et la sécurité.

Une fois dans cette conscience, vous pouvez agir, oser demander, solliciter, téléphoner, envoyer un e-mail, faire des démarches. Puisque vous n'êtes pas dans l'agitation, l'angoisse ou la panique, votre intuition vous conduira à la bonne porte, même si vous devez essuyer au préalable certains refus. Il se peut que vous ayez à dépasser certaines résistances de votre part, comme « Je ne demanderai jamais rien à ma famille », « Pas question d'en parler à mes beaux-parents », « Chez nous, on ne tend pas la main », « Les banques ouvrent le parapluie quand il fait soleil et le ferment quand il pleut », « Je n'oserai jamais », « Qu'est ce que l'on va penser de moi ? », « J'ai honte », « Comment en suis-je arrivé là ? », etc. Pourquoi ne pas inverser le proverbe « Aide toi, le Ciel t'aidera » en « Mon être intérieur m'aide, je l'aide aussi » ?

33

MON TRAVAIL NE ME PLAÎT PAS

Traîner des pieds, l'humeur morose, le lundi en commençant la semaine, regarder sa montre au fil de la journée en trouvant le temps long, attendre avec impatience le vendredi, compter les jours avant les vacances, tout cela n'est guère propice à l'épanouissement et au bonheur.

Comme bien d'autres personnes, vous trouvez peut-être cette situation normale. « Il faut bien travailler pour gagner sa vie », « Ce n'est pas rigolo mais c'est comme ça », « La plupart des gens n'aiment pas leur travail, je ne fais pas exception à la règle », « Vivement la retraite ». Cela mérite néanmoins que vous vous demandiez pourquoi vous considérez le travail comme obligatoirement pesant. Peut-être n'avez-vous pas eu, pendant votre enfance et votre adolescence, de modèle d'adultes, dans votre famille ou dans votre entourage proche, qui aimaient leur activité professionnelle. Essayez de remonter dans vos souvenirs. Avez-vous eu un maître, une maîtresse, un professeur que vous aimiez bien et dont les cours vous intéressaient ? Il y a fort à parier que cet enseignant aimait son métier et faisait partager sa passion à ses élèves. C'était nettement plus agréable, n'est-ce pas ?

Il se peut, aussi, que vous vous sentiez *a priori* victime d'un système que vous dénoncez vigoureusement. À vos yeux, les patrons sont tous des arnaqueurs, des profiteurs, voire des salauds. Vous estimez qu'ils n'ont aucune considération pour leur personnel. Vous pensez qu'ils vous exploitent, qu'ils vous pressent comme des citrons, qu'ils vous considèrent comme quantité négligeable, taillable et corvéable à merci, jetable à la casse à la première occasion. Je reconnais qu'il y a des patrons peu respectueux et peu scrupuleux. Mais ils sont loin d'être la majorité. La plupart savent qu'ils ont besoin de leurs employés et les respectent. Ils sont conscients qu'une bonne ambiance rend le travail plus facile, plus efficace et plus performant. Certains accomplissent même des tours de force pour éviter les licenciements dans les périodes de crise.

Autre cas de figure : vous râlez, vous vitupérez sans cesse à propos de votre travail, mais si quelqu'un vous suggère, calmement, de changer d'entreprise, vous rétorquez que vous bénéficiez quand même de certains avantages auxquels vous tenez. Alors, cessez de vous polluer vous-même, cette négativité vous épuise. Et elle fatigue aussi votre entourage.

Vous passez de nombreuses heures à votre travail. Autant faire que tout ce temps soit le plus agréable possible. Alors, comment vous passionner davantage pour ce que vous faites ?

Première étape, commencez par réaliser que votre travail est utile. J'ai connu, il y a très longtemps à Paris, une dame pipi au métro de La Madeleine. Loin de se plaindre, elle adorait son métier. Ses toilettes étaient impeccablement propres, parfumées et fleuries. Elle estimait qu'elle rendait un service important et savait égayer la journée de ses clients par un bonjour, un sourire, une phrase gentille. Comme elle recevait également beaucoup de touristes, elle avait appris quelques mots en diverses langues. Par notre travail, nous sommes reliés les uns aux autres et nous nous sentons utiles, ce qui est une des bases du bonheur.

Deuxième étape, demandez-vous comment vous pouvez améliorer les conditions de votre travail. Que pouvez-vous faire pour mieux vous organiser ? Et si vous commenciez le matin, en arrivant, par ce qui vous plaît le moins ? Comme cela, vous en seriez débarrassé. De façon générale, aussi bien au travail que chez vous, réaliser en premier lieu ce que l'on considère comme une corvée rend la tâche beaucoup plus légère. Il se peut aussi que vous ayez un emploi du temps très chargé et que vous vous stressiez, de peur de ne pas y arriver. Prenez le temps de respirer profondément, restez calme, centrez-vous, faites-vous confiance. Vous serez étonné de la somme de travail que vous pourrez ainsi accomplir. Autre détail important, créez-vous un poste de travail agréable. Rangez votre bureau, décorez-le, nettoyez votre atelier. La propreté, l'ordre, la beauté sont de puissantes aides pour rendre une activité agréable.

Si vous n'aimez pas votre travail parce qu'il ne vous correspond pas, ne vous voilez pas la face et faites courageusement le point. Osez en parler à la direction du personnel ou à votre responsable. Exprimez ce que vous souhaiteriez. Une patiente, Fabienne, s'ennuyait mortellement au service de comptabilité générale de l'entreprise qui l'employait. Après bien des hésitations, ayant pris enfin confiance en elle, elle a franchi le pas et demandé un rendez-vous à son DRH. Une place était vacante au service clientèle d'une succursale. D'un commun accord avec son employeur, Fabienne a proposé de faire un essai d'un mois. Il fut tout à fait concluant. Fabienne se sent maintenant épanouie car elle est en contact avec de nombreuses personnes différentes et cela lui convient tout à fait.

N'hésitez pas, non plus, à reprendre des études dans le cadre de la formation continue. La loi oblige les entreprises à cotiser pour permettre à leurs employés de se recycler ou d'acquérir des connaissances nouvelles. Ne laissez pas passer cette opportunité pour accéder à un travail qui vous plairait bien davantage. De plus, ces groupes sont en général très vivants et fort agréables. La pédagogie est très bien élaborée, en prise directe avec l'utilisation concrète au quotidien.

34

J'AI DES PROBLÈMES AU TRAVAIL

La plupart du temps, vous avez des problèmes au travail parce que vous nourrissez des craintes, d'une manière ou d'une autre, pour votre place.

Dans certains cas, la charge de travail ou le poids des responsabilités est énorme et vous avez peur de ne plus pouvoir faire face. Vous n'avez pas assez de vos journées pour mener à bien votre tâche. Vous arrivez au bureau ou à l'atelier plus tôt, vous partez plus tard. Il vous arrive souvent de travailler le week-end. Parfois, les préoccupations professionnelles vous réveillent la nuit. Peu à peu, vous ne vivez plus que pour travailler, au détriment de vous-même en premier lieu, puis de votre famille et de votre entourage. Combien de parents réalisent, quand leurs enfants quittent le nid familial, qu'ils ne les ont pas vus grandir. Je vous invite à vous poser sans tarder des questions essentielles. Faites-le avec courage et honnêteté, sans faire l'autruche. Quelles sont mes motivations profondes ? Pourquoi est-ce que je n'ose pas en parler en haut lieu et dire enfin que trop c'est trop ? Est-ce que j'ai peur de perdre mon emploi ? Est-ce que je veux me faire bien voir de la direction et des autres cadres ? Est-ce que je redoute d'être remplacé par quelqu'un de plus performant dans un monde où j'estime que la concurrence est féroce ? Est-ce que l'ambition me dévore ? Après quoi je cours : la reconnaissance, une promotion, l'argent, le pouvoir, la réussite ? Qu'est-ce que je veux prouver et à qui ? Est-ce que j'ai une revanche à prendre ? À propos de quoi ou de qui ? Est-ce que ma vie personnelle est un désert et que je compense ? Est-ce que je fantasme que je vais pouvoir acheter la considération ou l'amour grâce à une position sociale enviable ? Travailler de manière équilibrée nous permet de nous épanouir et de nous réaliser. Mais être un drogué du travail, friser la dépression et l'épuisement par saturation n'a jamais conduit au succès et au bonheur. Perdre sa vie à la gagner n'en vaut pas la chandelle.

Dans d'autres cas, vous avez des problèmes avec votre supérieur hiérarchique. Homme ou femme, un patron représente, *ipso facto*, l'autorité. Il est naturel que vous projetiez sur cette personne, de façon inconsciente, les relations que vous avez eues dans votre enfance et votre adolescence avec les personnes qui représentaient l'autorité. Prioritairement, il s'agit de votre père, mais ce peut-être également votre beau-père en cas d'une deuxième union de votre mère, votre grand-père, votre oncle, votre mère si elle a été le chef de famille. Si cela s'est mal passé, il est probable que vous considéreriez votre patron, quel qu'il soit, avec un *a priori* défavorable. En prendre conscience et vous en libérer peut vous rendre la vie au travail infiniment plus agréable.

Il se peut également que vous n'ayez pas confiance en vous, que vous craigniez constamment de vous tromper ou de ne pas faire assez bien, que vous imaginiez que vos collègues travaillent mieux que vous, que vous redoutiez d'être mal considéré, mal jugé, licencié. Vos chefs deviennent alors à vos yeux des sortes de pères fouettards. Comme vous ne vous aimez pas, vous projetez une mauvaise image de vous sur votre supérieur hiérarchique, pourtant très satisfait de votre travail. Que de stress pour rien et, cependant, si cher payé... Un patient, Henri, a eu des parents qui ont connu tous les deux la pauvreté étant enfants. Ils ont élevé leurs trois fils avec beaucoup de rigueur et de discipline, leur mettant une pression énorme pour qu'ils réussissent leurs études et accèdent à des postes très bien rémunérés. Rien n'était jamais assez bien, il fallait toujours mieux faire. À trente-deux ans, Henri occupe un poste important dans une grande banque. Récemment, il a été convoqué par son patron, une femme à la carrière prestigieuse et qu'il admire. Il était terrorisé, persuadé d'être abondamment critiqué, voire licencié sur-le-champ. Elle l'a félicité pour la qualité de son travail et lui a proposé un nouveau poste, représentant une belle promotion et une substantielle augmentation. Henri a cependant encore du chemin à faire pour cesser de se critiquer sans cesse et de se torturer, pour renaître à lui-même et travailler avec plaisir et sérénité.

Certains recherchent dans leur relation avec leur hiérarchie l'estime et l'amour qu'ils n'ont pas reçus de leur père. Essayer de devenir le « fils spirituel » ou « la fille spirituelle » se révèle rarement, *in fine*, aussi merveilleux qu'on l'imaginait. C'est une voie pavée d'embûches et de désillusions. Aucun patron, aucun supérieur ne pourra vous guérir de ce que vous seul pouvez faire – souvent avec l'aide d'un thérapeute – pour cicatriser vos blessures et vous libérer des séquelles de votre passé.

Si votre patron est caractériel, névrosé, gravement atteint psychologiquement, évitez d'en rajouter ! Ne versez pas de l'huile sur le feu avec vos collègues. N'aggravez pas l'ambiance, déjà très délétère. Réfléchissez posément, centrez-vous et voyez comment agir positivement. Vous pouvez peut-être vous unir avec d'autres employés pour agir ensemble, sans colère, sans hargne, sans haine, mais calmement et efficacement. Et si votre patron enfreint la déontologie et la législation, c'est du ressort de l'Inspection du travail.

Examinons maintenant le cas où vous avez des problèmes avec vos collègues. Une erreur fréquente consiste à confondre relation professionnelle et amitié. S'il peut être agréable de travailler en équipe, d'échanger dans la convivialité, de déjeuner ensemble, il faut veiller aussi à ne pas dépasser certaines limites au sein de l'entreprise. Rien ne vous empêche de nouer des liens personnels plus profonds avec certaines personnes à l'extérieur, mais prenez soin, d'un commun accord, de rester discret au travail sur ces relations privilégiées. Votre vie privée ne regarde personne. Ne faites pas de confidences intimes que vous pourriez amèrement regretter par la suite. Méfiez-vous aussi des personnes qui parlent mal de leurs collègues, car elles ne manqueront pas de le faire à votre sujet dès que vous aurez le dos tourné. Évitez de critiquer les uns et les autres, fuyez les ragots comme la peste. Personne n'est parfait. Monter en épingle les défauts de quelqu'un, juger un individu à l'emporte-pièce, se moquer de ses travers, le mettre en quarantaine, ne fera que vous empoisonner l'existence. Certaines atmosphères de travail deviennent irrespirables à force de cancans, de médisances, de jalousies, de clans. Ne participez pas à cet état d'esprit malsain et nuisible. Protégez-vous de ce marécage de négativité. Vous êtes là pour travailler ensemble et c'est tout.

Dans le cas où vous avez pris en grippe un collègue en particulier, il peut être intéressant de vous demander si cette personne ne vous rappelle pas, peu ou prou, un membre de votre famille, frère, sœur, cousin, etc., avec qui vous avez eu de mauvaises relations pendant votre enfance ou votre adolescence. Peut-être vous rappelle-t-elle certaines choses que vous n'aimez pas chez un de vos proches. Ou un camarade d'école avec lequel vous avez eu des déboires ? Beaucoup de conflits s'atténuent lorsque vous prenez conscience que vous projetez sur une personne une situation antérieure douloureuse.

35

JE ME TROUVE MOCHE

Beaucoup de gens ne sont pas satisfaits de leur physique. C'était autrefois surtout l'apanage des femmes, cela devient également le cas pour les hommes, même s'ils en parlent moins.

La pression des images des magazines, toutes retouchées, ou des publicités, omniprésentes, la mise en exergue de top-modèles longilignes et sans forme pour mettre en valeur les vêtements, le culte de la minceur à tout prix, de la jeunesse éternelle, d'un sourire éclatant mais artificiel jouent un rôle très important dans cette dévalorisation de soi, qui peut avoir des conséquences très graves dans les cas limites (en France, 1 % des adolescentes souffrent d'anorexie, trouble psychologique qui se déclenche fréquemment suite à un régime amaigrissant, pas forcément justifié sur le plan médical).

Vous voudriez être autrement que vous êtes. Vous vous critiquez. Vous vous lamentez. Vous vous comparez. Vous vous fustigez. Vous avez, souvent, la terreur d'avancer en âge. Cette attitude relève du masochisme. Elle ne mène à rien d'autre qu'à la frustration, la tristesse et le malheur, et il est très important que vous vous en libériez. Si vous n'en faites pas une montagne, les autres ne verront pas ce que vous estimez être un défaut. Il peut même devenir un atout de séduction.

Parallèlement, je pense que nous nous sentons tous quelque peu enfermés dans notre corps et que nous en vivons les limites. Nous sommes nés homme ou femme, ce qui nous prive de l'expérience de la moitié de l'humanité ! Nous avons telle couleur d'yeux, telle carnation, telle teinte et telle texture de cheveux, telle poitrine, telle pilosité, tel pénis. Nous sommes d'une certaine taille, d'une certaine corpulence, avec des tendances génétiques aux rondeurs ou à la maigreur. Notre visage et notre corps ont une certaine morphologie. Avec notre esprit, à travers nos affects, nous pouvons tout penser, tout imaginer, tout expérimenter, tout ressentir. Avec notre corps, nous sommes là et bien là ! Raison de plus pour bien le traiter et l'aimer. Alors réveillez-vous…

Pour être bien dans votre peau, apprenez à vivre votre corps de l'intérieur. Plus vous allez être dans l'instant présent, plus vous allez habiter votre corps. Plus vous allez habiter votre corps, plus vous allez rayonner. Plus vous allez rayonner, plus les autres vont être attirés par vous. Ce n'est pas une plastique parfaite qui fait la beauté et le charme, loin de là. L'amour sincère de la vie et des autres est irrésistible. Sœur Emmanuelle en était un merveilleux exemple.

Prenez aussi soin de votre corps, soyez à son écoute. Dormez suffisamment, nourrissez-vous correctement, en sachant écouter votre faim et votre satiété, manger des choses simples et naturelles, bougez pour le plaisir, pas pour la performance.

Ayez la joie d'être en connexion avec vos cinq sens. Regardez vraiment, écoutez vraiment, dégustez vraiment, humez vraiment, touchez vraiment. Soyez à ce que vous faites au lieu de penser, penser encore, penser toujours. Respirez profondément plusieurs fois par jour. Centrez-vous sur votre moi profond ou votre être intérieur. Pratiquez la méditation régulièrement, c'est une source de bien-être et une fontaine de jouvence. Détendez-vous, relaxez-vous.

Regardez autour de vous dans la rue, dans le métro, dans les magasins. La plupart des gens portent des couleurs sombres, des jeans plus ou moins avachis, des chaussures mal entretenues. La mine renfrognée est de rigueur, les cheveux mal coiffés, le maquillage outrancier ou au contraire absent, le regard perdu et triste. Il suffirait de peu de chose, un peu plus d'attention à soi, un regard plus vif, plus ouvert, une démarche plus allante, pour que ces figures grises retrouvent un peu de vie. Parallèlement, pourquoi dissimuler vos formes sous des étoffes trop amples ?

Honorez votre corps. Il est votre meilleur ami car c'est lui qui vous permet d'être en vie. Amusez-vous, soyez créatif, prenez du plaisir avec lui. Même si votre métier vous demande de porter un costume strict, vous pouvez jouer avec les couleurs de votre chemise et de votre cravate. Une petite robe noire peut être très chic pour une sortie, mais vous n'êtes pas obligée d'être en deuil trois cent soixante-cinq jours par an, été comme hiver.

Colorez votre vie. Les couleurs sont des vibrations de la lumière qui se diffracte. En général, nous apprécions de voir un arc-en-ciel ! Vous pouvez retirer de grands bienfaits des couleurs, aussi bien en les portant sur vous à travers un vêtement ou un accessoire, qu'en les utilisant à la maison ou au travail.

Le maquillage n'est pas fait pour vous transformer en pot de peinture mais pour vous donner de l'éclat. Profitez-en par touches légères. Avoir les ongles faits est très agréable et donne de la gaieté. Une bonne coupe, courte ou longue selon votre goût, facile à recoiffer chez vous, une jolie couleur sont de grands atouts pour vous mettre en valeur et – ce qui est le plus important – pour vous sentir bien.

Si vous estimez que vous devez mincir, ce n'est pas en détestant votre corps que vous allez y arriver. Achetez des vêtements à votre taille au lieu de vous boudiner dans des habits trop serrés, ce qui est à la fois inconfortable et inesthétique. Vous pourrez toujours les faire rétrécir quand ils seront devenus trop larges. Mettez-vous en valeur dès maintenant, tel que vous êtes. Cela vous aidera à prendre soin de vous, à vous aimer et à maigrir en douceur sans vous torturer.

36

J'AI DES PROBLÈMES AVEC MA MÈRE

Avoir des problèmes avec sa mère génère, la plupart du temps, une grande souffrance, qui est loin d'être sans conséquence pour vous et votre vie. Cette situation provoque en vous un profond mal-être, vous appréhendez les appels téléphoniques et les e-mails, vous redoutez les dîners, les week-ends et les fêtes de famille. Vous êtes très en colère, ou vous avez beaucoup de chagrin, parfois même les deux à la fois. La relation avec votre mère vous pollue l'existence.

La première chose à entreprendre est de mettre des mots sur ce que vous ressentez et d'identifier, calmement et posément, le problème. Chaque cas est unique, bien sûr. Prenons cependant quelques exemples. Votre mère peut être envahissante et tentaculaire. Elle n'a pas coupé le cordon. Elle tente de régenter votre vie, à sa façon et selon ses principes, et vous étouffez. Ou bien elle se montre froide, distante, rigide. Vous avez toujours manqué d'affection et cela continue. Cette absence d'amour entraîne un manque de confiance en vous, de la tristesse, de l'amertume. Ou vous êtes une fille et votre mère n'en avait que pour votre frère. Vous vous êtes vite sentie mise sur la touche et déconsidérée. Quoi que vous fassiez, vous n'étiez pas intéressante à ses yeux. Vous lui en voulez beaucoup. Il y a de fortes chances que vous ne vous estimiez pas non plus vous-même et que vos relations personnelles et professionnelles avec la gent masculine s'en trouvent affectées. Ou encore votre mère vous critique sans cesse, vous maltraite, vous prend pour sa tête de turc. Certaines femmes se vengent sur leur fils de leur malheur avec les hommes, d'autres jalousent profondément leurs filles lorsqu'elles grandissent. Vous finissez par vous considérer comme un « canard boiteux » et vous vous méprisez.

La deuxième étape consiste à considérer votre mère comme une personne et non plus uniquement comme « Maman ». Votre mère a eu elle-même une famille, une enfance, une adolescence, un vécu d'adulte. Ce qui vous fait tant souffrir n'a bien souvent rien à voir avec vous. Ce n'est pas vous, votre caractère, votre personnalité qui sont la cause du problème. N'importe quel autre enfant, à votre place, aurait été traité de la même façon. Certains, certaines, vont me répondre : « Cela me fait une belle jambe », « Elle me pourrit la vie depuis ma plus tendre enfance, c'est tout ce que je vois », « Peu importent les raisons, c'est moi qui subis et qui souffre ».

En prenant soin de lui avec dévouement et tendresse, en se réjouissant qu'il existe et en le manifestant, en lui témoignant son affection et son indéfectible soutien, la mère donne à son enfant sa première image narcissique de lui-même. Elle est le reflet à travers lequel il apprend à s'aimer en tant que personne. Manifestement, pour de multiples raisons, votre mère n'a pas pu jouer ce rôle. Ce n'est pas tant votre mère qui m'intéresse, c'est vous. Chercher à comprendre pourquoi cette femme a agi ainsi est extrêmement libérateur, pour vous et pour personne d'autre. Le jour où vous allez enfin considérer votre mère comme « une névrosée comme tout le monde », vous aurez réalisé un énorme progrès. À quoi cela sert d'attendre indéfiniment une forme d'amour qu'elle est incapable de vous donner ? Votre mère est comme elle est, parfois gravement malade psychologiquement. Cessez de vouloir la transformer. Vous seriez peut-être pire à sa place si vous aviez vécu ce qu'elle a traversé. Cessez de vouloir que vos relations changent et s'améliorent. Lâchez prise. Osez dire non, calmement mais fermement, quand vous en ressentez le besoin. Cessez de craindre de déplaire à votre mère. Cessez d'avoir peur d'elle.

Votre chemin vers la libération ne s'arrête pas là. Même si elle n'est pas une mère aimante, cette femme vous a quand même apporté certaines choses positives. En premier lieu, elle vous a donné la vie, ce qui n'est pas rien ! Elle a certaines qualités qu'elle vous a transmises ou certains comportements qui vous ont structuré. Béatrice, dont la mère est tout le temps sur son dos, est une amie délicieuse car elle respecte le territoire et l'intimité de chacun. Elle a une attitude très saine avec son amoureux, en n'étant ni dans la fusion ni dans la dépendance. Henri, dont la mère est un vrai glaçon, a hérité son sens de la droiture et de l'honnêteté. Très bel homme, il voyage beaucoup pour son travail. Il serait facile pour lui de donner des coups de canif dans le contrat, mais c'est un mari qui a choisi d'être fidèle et de respecter son engagement.

Au lieu d'être victime de votre mère, inversez la vapeur. Demandez-vous en quoi cette femme, aussi difficile soit-elle, vous a permis d'évoluer. Les personnes qui croient à la réincarnation pensent que l'on choisit sa famille, laquelle, même à travers ses dysfonctionnements, sera le terreau idéal pour progresser dans cette vie. En tant que psychothérapeute, je pense qu'il est fondamental de *re-choisir* sa famille. Ce qui ne signifie pas qu'il faille se remettre dans des conditions toxiques. Vous avez à vous respecter et à imposer des limites quand c'est nécessaire. Plutôt que de vous lamenter : « Ma mère est épouvantable, c'est un vrai cauchemar », il est plus sage de faire en sorte que vous puissiez dire : « Ma mère est névrosée, cela n'a pas été toujours facile mais j'ai beaucoup évolué grâce à elle. » L'essentiel est d'être en paix, à l'intérieur de vous-même, par rapport à cette situation.

La dernière étape est d'apprendre à vous aimer et elle est fondamentale. Vous avez à renaître à vous-même. Vous avez à vous donner l'affection que n'a pas pu vous prodiguer votre mère. Vous avez à vous guérir des séquelles que ce vide entraîne chez vous : manque de confiance en vous, manque de confiance en la vie, manque de joie de vivre, image négative de votre féminité ou peur de la femme. Traitez-vous avec gentillesse et tendresse. Encouragez-vous. Remerciez-vous et félicitez-vous chaque jour. Cultivez les échanges et l'amitié. Fuyez comme la peste toute relation amoureuse où l'autre ne vous considère pas, ne vous respecte pas et vous maltraite peu ou prou. Usez et abusez de tous les exercices proposés dans cet ouvrage.

37

J'AI DES PROBLÈMES AVEC MON PÈRE

Quel est le rôle d'un père « idéal » ? Sa présence, son amour, son soutien indéfectible vous permettent de vous construire et de vous structurer. C'est lui qui vous reconnaît à la naissance. C'est lui qui, symboliquement, vous introduit dans la société. C'est lui qui coupe, à bon escient, la fusion avec votre mère. Il vous évite de faire couple avec elle si vous êtes un fils, corps avec elle si vous êtes une fille. C'est lui qui représente l'autorité et la Loi. La plupart des enfants obéissent plus facilement à leur père qu'à leur mère. Votre père vous donne votre seconde image narcissique de vous-même. Il est le reflet à travers lequel vous apprenez à vous estimer vous-même, en tant que personne.

Si vous avez des problèmes avec votre père, commencez par verbaliser ce que vous ressentez et par définir, calmement et posément, vos difficultés. À la différence d'une mère, il est rare qu'un père envahisse votre quotidien par des conversations téléphoniques interminables et répétées, des e-mails trop fréquents. Cependant, il est probable que vous perceviez, malgré son silence, un désintérêt, une désapprobation, un jugement négatif à votre égard. Et cela pèse très lourd pour vous. Vous appréhendez les rencontres familiales, craignant ses regards, ses allusions, ses réflexions, voire ses colères et ses anathèmes.

Il se peut que vous connaissiez peu votre père, voire pas du tout. Il a quitté votre mère lorsqu'elle vous attendait ou très rapidement après votre naissance. Vos parents ont divorcé quand vous étiez jeune, votre père ne payait pas de pension pour votre éducation, votre mère a coupé toute relation avec cet homme qui l'a profondément déçue. Plus ou moins consciemment, vous en déduisez que vous n'étiez pas suffisamment intéressant pour votre géniteur, ce qui affecte forcément l'image que vous avez de vous-même. Parfois un beau-père, un oncle, un parrain, un ami de la famille, un grand-père vous ont donné l'amour et la considération dont vous aviez besoin de la part d'un homme.

Comme votre mère, votre père est un individu à part entière, qui a eu lui-même une famille, une enfance, une adolescence, une vie d'adulte. Là encore, ce qui vous fait cruellement souffrir n'a généralement rien à voir avec vous. Il est important que vous cessiez de ne considérer que le « Papa » pour comprendre ce que votre père a vécu en tant qu'être humain. Certains hommes, compte tenu de leur passé, ne peuvent pas assumer une vie de couple et une paternité, quelles que soient les qualités de leur femme et de leur enfant. Ils prennent la fuite devant un mode de vie qui les étouffe et une responsabilité qui les écrase. D'autres sont violents et terrorisent leur famille. D'autres encore n'ont eu aucun modèle de père et ne savent pas comment faire pour accompagner leur enfant de manière aimante et appropriée.

D'autres, enfin, ont eu d'énormes conflits avec leur propre père. Ils essayent, comme ils peuvent, de faire le contre-scénario de ce qu'ils ont connu. Tel homme ayant souffert d'un père excessivement rigide aura tendance à être laxiste et démissionnaire avec ses enfants. Or, ces derniers ont besoin de recevoir des conseils, des directives, des limites, de façon raisonnable et équilibrée. Tel autre ayant eu un père qui ne l'a pas véritablement soutenu aura un comportement trop directif et largement intrusif. Ce qui a eu pour effet d'inférioriser ses enfants et de leur couper les ailes psychologiquement.

Il se peut aussi, tout bonnement, que votre père soit pour vous un inconnu, bien qu'il ait été présent, et que vous ne parveniez pas à communiquer avec lui. D'une part, beaucoup d'hommes ne sont pas très bavards et parlent peu d'eux-mêmes. D'autre part, il n'y a pas si longtemps, on voyait papa avec maman, rarement seul à seul. C'est heureusement en train de changer. J'encourage toujours mes patients à partager des moments privilégiés et des activités spécifiques avec chacun de leurs enfants, fille ou garçon. Quand c'est possible, il est important de montrer son lieu de travail. Par ailleurs, certains pères sont décontenancés par l'adolescence. Soudain, ils sont en rivalité avec leur fils qui devient un homme, ou ils évitent et fuient leur fille lorsqu'elle devient une femme.

Il est libérateur de considérer votre père comme une personne qui a ses problèmes, comme « un névrosé comme tout le monde », voire comme quelqu'un de très atteint psychologiquement.

Cessez de lui demander d'être parfait, arrêtez d'attendre indéfiniment un amour, un soutien, une reconnaissance qu'il est incapable de vous donner. Cessez d'avoir peur de lui et de craindre de lui déplaire.Il est plus constructif de vous prendre en main. Concentrez-vous sur ce qu'il a pu vous apporter, malgré les problèmes que vous avez avec lui. Lui aussi vous a donné la vie – ce qui est un très beau cadeau –, même s'il a pris la poudre d'escampette ensuite. S'il vous a accompagné, même mal, il avait cependant des qualités, des centres d'intérêt, des valeurs qui ont pu constituer des chances pour vous. Faites le chemin pour pouvoir dire, véritablement : « Mon père n'est pas facile, mais j'ai pu m'épanouir et me réaliser, et je suis intérieurement en paix avec lui. »

Afin de vous libérer, donnez-vous à vous-même l'estime que votre père n'a pas pu vous offrir. Vous avez à vous guérir des séquelles que cette carence entraîne chez vous. Tout d'abord, reconnaissez vos qualités, vos talents et vos aptitudes. Faites la liste de ce que vous avez découvert, entrepris, expérimenté au cours de votre vie. Remerciez-vous. Félicitez-vous. Réjouissez-vous de vos succès. Ensuite, pacifiez-vous avec ce que vous appelez vos échecs. Les échecs sont des expériences qui ne se sont pas déroulées comme vous le souhaitiez. Ils ne signifient pas que vous êtes incapable ou nul. Cessez de vous vilipender ou de vous culpabiliser. La sagesse est d'apprendre de vos échecs au lieu d'altérer votre estime de vous-même. Enfin, si vous êtes un fils, réconciliez-vous avec votre masculinité. Vous êtes différent de votre père. Si vous êtes une fille, cessez de projeter sur les hommes l'image de ce père qui ne vous a pas reconnue comme vous le souhaitiez.

38

JE NE M'ENTENDS PAS AVEC MES FRÈRES ET SŒURS

Il se peut que, dès votre plus jeune âge, vous n'ayez pas eu d'affinités avec un frère ou une sœur. Bien que vous ayez la même mère et le même père, vos caractères ne se correspondent pas, vos goûts, vos centres d'intérêt, vos points de vue divergent complètement. Il est intéressant de noter que les frères et sœurs d'une même famille, bien qu'ils partagent une génétique commune, n'ont pas la même psychogénéalogie. La famille ne projette pas les mêmes choses sur les enfants selon qu'il s'agisse d'une fille ou d'un garçon, de l'aîné ou du benjamin. Devenu adulte, vous n'éprouvez pas le besoin de fréquenter cet homme ou cette femme avec qui vous ne partagez finalement pas grand-chose.

Vous vivez peut-être une autre situation, beaucoup plus douloureuse. Vous avez toujours eu l'impression que votre frère ou votre sœur était l'enfant préféré. Vous étiez mal considéré, délaissé, rejeté. Là encore, cela n'a souvent rien à voir avec vous. Fréquemment, votre mère, votre père reproduisent ce qu'ils ont connu dans leur enfance. Par exemple, dans la famille de votre mère, on privilégie les fils. Elle en a elle-même subi les conséquences. Elle répète, plus ou moins inconsciemment, le même scénario et donne plus d'attention et plus d'amour à votre frère qu'à vous, sa fille. Ou bien votre père a eu des conflits importants avec son grand frère, qui jouissait d'un statut privilégié en tant qu'aîné. Vous êtes son premier enfant, un fils, et il voit en vous son propre frère.

Les parents projettent fréquemment sur leurs enfants l'ordre de leur fratrie et les relations qu'ils ont eues avec leurs frères et sœurs. En prendre conscience vous libère de la dévalorisation que cela entraîne chez vous. N'importe qui, à votre place, aurait fait l'objet de la même projection. Par ailleurs, il est important que vous réalisiez que le chouchou ou la chouchoute n'y sont eux-mêmes pour rien. Vous les jalousez, vous trouvez cela injuste, parfois vous les détestez, mais la place de préféré n'a peut-être pas été aussi confortable que vous le supposez. Cela met souvent beaucoup de pression d'être l'enfant idéalisé. On doit répondre aux attentes et aux rêves de sa famille. Parfois au prix de se renier soi-même. Ce pourrait être intéressant d'évoquer cette question avec votre frère ou votre sœur plutôt que de le rejeter.

Envisageons maintenant un autre cas : vous vous êtes fâché avec une sœur ou un frère bien après avoir quitté le nid familial. Il se peut que son style de vie soit par trop dissemblable du vôtre ou que vous n'appréciiez pas du tout son conjoint. Ou vous en avez eu assez des réflexions acerbes sur vos choix de vie.

Votre mariage ou votre divorce, vos choix professionnels, voire votre réussite sociale, n'ont jamais été acceptés. La moindre rencontre finissait en pugilat, compte tenu d'opinions très différentes. Tout simplement encore, vous avez évolué de façon diamétralement opposée. Ce n'est pas parce que vous avez grandi ensemble que vous devez tisser des liens intimes plus tard.

L'important est que vous soyez en paix avec cette situation. Toute haine, tout ressentiment est toxique pour vous. Acceptez votre différence, l'impossibilité de communiquer et souhaitez à ce frère ou cette sœur, en votre for intérieur, le meilleur.

Il arrive aussi que, dans une fratrie, « on ne se parle plus » pour des raisons financières. Au décès d'un parent, le partage de la succession s'est mal passé. Vous estimez que vous avez été volé, grugé, abusé (la somme en cause n'est pas forcément considérable ou bien il s'agit simplement de certains objets auxquels vous attachiez une valeur sentimentale et qu'un membre de la fratrie s'est approprié). Dans notre culture, la mort est généralement un sujet tabou. Cela éviterait pourtant bien des disputes si les parents avaient la sagesse de prévoir, avant leur disparition, un partage équitable, en accord avec tous les intéressés. À la faveur d'un héritage, beaucoup de blessures non cicatrisées entre frères et sœurs, de jalousies, de rivalités, de compétitions se réveillent. Même si on estime que c'est de la faute de l'influence pernicieuse des « pièces rapportées »…

Demandez-vous quand même si la jolie commode que vous avait promise votre maman, et qui se retrouve maintenant chez votre belle-sœur et votre frère, vaut la peine que vous vous coupiez d'un pan de votre passé. Les frères et les sœurs sont précieux car vous partagez des souvenirs en commun.

Certes, vous ne voyez pas de façon similaire vos parents, ni même votre enfance. Mais évoquer ensemble des moments du passé peut être délicieux et l'occasion de moments de tendresse et de fous rires.

39

J'AI UNE BELLE-MÈRE ÉPOUVANTABLE...

Il y a, heureusement, des belles mères agréables qui ont de bonnes relations avec leur belle-fille et vice-versa. Ce n'est, hélas !, pas le cas de la vôtre.

La belle-mère épouvantable est l'un des sujets favoris des humoristes, scénaristes et autres auteurs de pièces de théâtre comiques. À noter qu'il s'agit la plupart du temps des mères des maris : les belles-mères semblent moins enhardies face à leur gendre, tandis qu'elles s'acharnent sur leur belle-fille qui a eu le culot de leur voler leur fils chéri. Et elles rentrent, bille en tête, en compétition avec cette intruse.

Vous, cela ne vous fait pas rire parce que, dans votre situation, ce n'est pas de la fiction amusante, mais bien la réalité, et pas toujours rose... Comment faire ?

Si vous prenez le temps de vous calmer et de réfléchir posément, ce n'est pas votre belle-mère qui vous préoccupe. Au fond, vous n'en avez rien à faire. Elle a bien le droit d'être comme elle est, aussi foldingue qu'il lui chante.

Ce dont vous avez peur, c'est qu'elle gâche votre couple. En fait, c'est votre mari qui vous soucie, pas elle. La bonne nouvelle, c'est que les choses sont entre vos mains. Vous avez des écueils à éviter pour mener à bien l'évolution de votre couple. Une fois que vous saurez naviguer, vous ne craindrez plus cette dame, aussi névrosée soit-elle. Quel soulagement !

Vous, vous la voyez comme elle est. Même parfois un peu trop à la loupe… car vous l'avez dans le collimateur et rien ne vous échappe. Ses regards acerbes, ses compliments empoisonnés, ses remarques fielleuses, ses critiques à peine déguisées, ses comparaisons peu flatteuses, ses cadeaux à l'opposé de vos goûts. Et vous voudriez que votre mari prenne votre parti, qu'il vous défende, qu'il dise à sa mère qu'elle est odieuse, que c'est vous maintenant la femme de sa vie, qu'il vous impose sans appel, qu'il terrasse enfin le dragon. Je suis désolée de vous décevoir, mais vous faites fausse route.

Depuis des millénaires, les petits garçons ont été élevés à se comporter « en homme », à être courageux, à ne pas pleurer comme une mauviette. C'est heureusement en train de changer. Il n'en reste pas moins que la plupart des hommes ont d'énormes difficultés à exprimer leurs émotions et leurs sentiments. Ce ne sont pas eux qui vont discuter pendant des heures avec leurs amis pour partager leurs états d'âme. En général, ils fuient comme la peste les complications, les histoires et les conflits.

Votre belle-mère n'est rien pour vous. Vous avez fait sa connaissance lorsque vous et son fils avez décidé de construire une relation plus suivie. Alors que votre mari connaît sa mère depuis qu'il est au monde ! Il y est habitué. Il s'est adapté. Il ne voit pas ce que vous voyez. Pour lui, ce n'est pas si important. Alors que tel détail vous hérisse et vous met dans tous vos états, cela glisse sur lui et il préfère ne pas y prêter attention.

Plus encore, il déteste en fait que vous critiquiez sa mère, même quand il a conscience de ses défauts. Ce phénomène est typique des êtres humains et vous n'y échappez pas non plus. Par exemple, alors même que vous trouvez que votre enfant ne se montre pas toujours assez poli, vous supportez mal qu'un tiers vous fasse une remarque à ce sujet et vous pouvez facilement lui voler dans les plumes… Vous estimez que vous avez le droit de critiquer votre enfant mais vous n'admettez pas que les autres le fassent.

Sur le modèle du slogan « Touche pas à mon pote », il faudrait créer le mot d'ordre « Touche pas à ma famille ». C'est une règle d'or pour l'harmonie des couples. Donc, évitez de blesser votre conjoint par vos remarques sur sa mère, au risque d'ailleurs de provoquer scènes de ménage sur scènes de ménage et rancunes accumulées.

Au lieu de vous pourrir la vie avec votre belle-mère, pensez à vous, aimez-vous. Ne faites pas avec elle ce qu'elle fait avec vous. Ne rentrez pas en compétition. Vous êtes hors concours. Vous êtes la femme que votre mari aime et a choisie. Elle est sa mère. Vous ne jouez pas dans la même cour.

Soyez créative. Au lieu des traditionnels repas de famille, inventez d'autres façons de vous rencontrer. Allez ensemble au cinéma, visitez une exposition, faites une balade. Pendant ce temps, votre belle-mère sera occupée à autre chose qu'à vous critiquer. Essayez de l'intéresser à un autre sujet que votre personne.

Laissez aussi votre conjoint en tête à tête avec elle. Vous n'êtes pas obligés de tout faire ensemble parce que vous êtes un couple.

Ne répondez pas aux agressions de votre belle-mère. Pour rentrer en conflit, il faut être deux. Même s'il ne vous le dit pas, votre mari en sera très heureux.

Complimentez-la. Vous trouvez que je pousse le bouchon un peu loin ? Est-ce que vous pensez que votre belle-mère est une femme heureuse ? Certainement pas. Contrairement aux apparences, il faut ressentir un énorme mal-être pour agir ainsi. N'attendez surtout pas qu'elle change à votre égard. Cependant, lui dire, si vous le pensez sincèrement, devant son fils, que vous trouvez sa blanquette de veau délicieuse ou sa nouvelle robe jolie lui mettra peut-être un peu de baume au cœur.

Finalement, votre belle-mère épouvantable aura été une grande source d'évolution pour vous. Elle vous aura appris à avoir confiance en vous, à gérer une personnalité difficile, à vous rapprocher de votre conjoint et à mieux le comprendre. Maintenant que c'est vous qui avez terrassé le dragon, toute seule comme une grande, rien ne vous interdit d'en rire. Avec vos amies, pas avec votre mari, cela va sans dire !

40

MES PARENTS SONT MALADES

Votre mère ou votre père tombe soudainement gravement malade. Si une solide affection vous unit, il perdure en vous, quel que soit votre âge, une image de vos parents vous protégeant, vous soutenant, vous épaulant. Cette nouvelle vous stupéfie, vous attriste, vous inquiète. C'est comme si un pan de votre vie s'écroulait.

Et même si la relation avec vos parents est difficile, il n'en reste pas moins que cet événement vous touche. Ce peut être l'occasion de vous voir plus souvent, voire de renouer des liens rompus.

Les rôles s'inversent et, cette fois, c'est votre père ou votre mère qui a besoin de vous. Que pouvez-vous faire ? Comment prendre en compte ses besoins ? Comment l'accompagner au mieux ? Si vous avez des frères et des sœurs, comment vous répartir les rôles ? Veillez à ce que cette maladie ne soit pas une source de conflit dans votre fratrie. Il se peut que vous soyez celui ou celle qui assume tout, au prix de lourds efforts. Vous en voulez alors aux autres de ne pas assumer leur part de responsabilités. Les raisons de cet éloignement peuvent être multiples : éloignement géographique, obligations professionnelles et familiales. Souvent aussi, à cette occasion, des frustrations et des peines se réveillent.

Vos frères et sœurs n'ont sans doute pas la même relation que vous à ce parent malade, ou ils ont peur de la maladie et de ses conséquences et ne savent pas comment se comporter.

Même si les jours de votre père ou de votre mère ne sont pas en danger, une maladie peut changer beaucoup de choses dans vos rapports affectifs. Tel père autoritaire, cassant, distant peut se révéler beaucoup plus accessible. Telle mère narcissique et égoïste peut s'ouvrir à une nouvelle réalité. Dans certains cas, le mal-être, la douleur, le handicap, fût-il passager, ébranlent les défenses de l'ego. Le malade reconsidère sa vie, remet en question certaines de ses attitudes et modifie ses comportements. C'est le moment pour exprimer votre affection et parfois, si cela s'avère possible, pour dire aussi ce que vous avez sur le cœur. Il peut en résulter un vrai dialogue et une bien meilleure compréhension mutuelle.

La maladie d'Alzheimer ou toute pathologie qui entraîne la perte de la mémoire est particulièrement difficile à vivre. Il m'a été donné d'accompagner plusieurs patients qui mettaient des mois à accepter que leur parent ne les reconnaisse plus, ne se souvienne plus de leurs visites. Manifestez alors votre amour par des gestes de réconfort, de tendresse, par quelques fleurs. Les scientifiques ont découvert que, même dans un coma profond, des gestes ou des paroles d'affection étaient perçus par certaines sphères du cerveau.

Il est généralement peu fréquent que vous disiez à votre père ou à votre mère que vous les aimez. Vous pensez que cela va sans dire. Ou vous n'osez pas. Cela vous intimide, vous gêne, vous ne savez pas comment vous y prendre. Pourquoi attendre qu'ils soient malades pour le faire ? Saisissez la prochaine occasion, une conversation, un repas de famille, leur anniversaire, la fête des Mères ou la fête des Pères, Noël ou le jour de l'An pour leur exprimer, très clairement, votre affection et votre gratitude.

41

JE VIENS DE PERDRE UN ÊTRE CHER

Un deuil entraîne généralement beaucoup d'émotions et des sentiments multiples. L'inéluctable est arrivé et vous ressentez un choc. Comment faire pour traverser cette épreuve ?

La première étape est de l'accepter, même si ce n'est pas facile. Beaucoup de gens se révoltent contre ce qui leur paraît une injustice. Ce qui rend leur deuil encore plus dur à vivre. Plus vous allez être en paix avec cet événement, plus vous allez pouvoir le surmonter.

Perdre sa mère, perdre son père, lorsqu'ils sont âgés, est dans l'ordre des choses, même si c'est douloureux. Remerciez votre parent décédé, en votre for intérieur, pour tout ce qu'il vous a apporté. Si vous avez vécu des souffrances, exprimez-les aussi. Vous pouvez utiliser la relaxation pour dialoguer avec lui ou avec elle. Vous faites apparaître dans votre jardin intérieur la personne disparue. Lui écrire ce que vous ressentez, sous forme d'une lettre symbolique, s'avère également d'une grande aide. Vous pouvez ensuite brûler cette lettre et en disperser les cendres à l'endroit où repose la personne. L'important est que vous vous sentiez en paix par rapport au passé. Si une profonde affection vous unissait à la personne décédée, vous vous sentez perdu et abandonné. Continuez d'aimer ce parent disparu. Ne le retenez pas mentalement dans l'espoir qu'il vous protège, souhaitez-lui de progresser et d'évoluer dans sa vie au-delà des apparences terrestres. Si votre relation était difficile, vous avez deux deuils à faire, celui de votre parent « en chair et en os » et celui de ce père « idéal » ou de cette mère « idéale » que vous n'aurez jamais, un père ou une mère qui vous aime ou vous estime comme vous l'auriez souhaité. Vous avez à faire un chemin pour comprendre la névrose de votre père ou de votre mère et pardonner. Ne dites pas que tout est de sa faute, travaillez sur vous. Beaucoup de personnes ne veulent pas pardonner parce qu'elles pensent que cela implique de nier leur souffrance. De tout excuser. De tout autoriser. De permettre aux autres d'agir en toute impunité. Pardonner, aussi étrange que cela puisse paraître, ne concerne pas l'autre. Pardonner vous concerne vous. C'est vous faire du bien à vous, c'est vous libérer. Les choses qui vous restent en travers de la gorge agissent comme des poisons. Elles vous font répéter, inlassablement, les mêmes scénarios. Elles attirent comme un aimant les mêmes situations et les mêmes types de personnes.

La perte de votre conjoint bouleverse votre vie. Si votre relation était conflictuelle, il est important de faire le travail de prise de conscience et de libération que je viens d'évoquer. Si votre couple était uni, si vous partagiez de l'amour et du bonheur ensemble, vous vous sentez, soudain, désemparé. Je sais combien vous remerciez votre conjoint et combien vous lui rendez hommage. Attention toutefois à ne pas vous enfermer dans le chagrin et dans la solitude. Petit à petit, ouvrez-vous à la vie, ici et maintenant. De son vivant, votre conjoint souhaitait que vous soyez heureux ou heureuse. Aucune personne qui aime ne souhaite que sa disparition entraîne la désespérance de l'autre pour le reste de son existence. Le meilleur cadeau que vous pouvez lui faire est de renaître de cette épreuve. Prenez soin aussi des autres personnes qui vous sont chères. Participez à des activités qui vous apportent de la convivialité et des échanges. Intéressez-vous à des choses nouvelles. N'hésitez pas à déménager si vous en ressentez le besoin. Cela peut vous aider à ne pas vivre que dans le souvenir. Ne vous fermez pas à l'idée de pouvoir rencontrer une autre personne pour vivre un deuxième bonheur, différent mais néanmoins réel...

La perte d'un enfant est un événement tragique qui provoque, la plupart du temps, une immense douleur pour les parents. Dépasser cette peine paraît, au début, impossible. « C'est contre-nature », « J'aurais préféré mourir à sa place ». Si vous avez d'autres enfants, veillez particulièrement sur eux. Perdre un frère ou une sœur n'est pas facile. Dans la plupart des cas, les membres de la fratrie se murent dans le silence de peur de vous rajouter du chagrin et de vous voir pleurer. Au fil du temps, vous avez tendance à ne vous remémorer que les qualités de cette fille ou de ce fils disparu. Attention à ne pas en faire un modèle inatteignable pour vos autres enfants. Afin de donner du sens à leur histoire, certains parents ayant perdu un enfant se mobilisent, en sa mémoire, dans une cause en lien avec la raison du décès : prévention routière, recherche scientifique pour guérir certaines maladies, accompagnement pour les problèmes de drogue, prévention du suicide chez les jeunes, etc. Beaucoup y trouvent la résilience qui leur permet de surmonter le départ de leur enfant.

42

LA MORT ME TERRIFIE

Jeune et en bonne santé, vous pouvez néanmoins être hanté par la peur de mourir. Vous y pensez souvent, vous ressentez une angoisse qui vous prend aux tripes. Parfois, cela vous réveille la nuit. Le temps devient votre ennemi n° 1. Vous appréhendez chaque anniversaire. Changer de décennie tourne au cauchemar.

Vous avez la cinquantaine, la soixantaine, vous venez de prendre votre retraite. Soudain, vous vous angoissez à l'idée de disparaître. L'échéance de votre décès se rapproche – même s'il y a de plus en plus de centenaires –, et cela vous panique. Vous devenez triste, taciturne, plus rien ne vous émerveille ni ne vous intéresse… Ou vous êtes atteint subitement d'hypochondrie. Vous avez peur de vous endormir de crainte de ne pas vous réveiller, un bobo vous affole, vous êtes à l'affût du moindre symptôme, vous imaginez que vous êtes atteint d'une maladie grave alors que votre médecin ne cesse de vous rassurer. Vous le consultez de plus en plus fréquemment, envisageant le pire à chaque fois. Ou vous développez une frénésie d'activités. Impossible de rester chez vous une journée tranquillement. Vous voyez des amis tous les midis et tous les soirs. Vous ne manquez aucun nouveau film, aucun nouveau spectacle, aucune nouvelle exposition. Vous voyagez le plus souvent possible. Vous ne voulez pas perdre une minute avant qu'il ne soit trop tard.

Vous envisagez la mort différemment en fonction de votre conception de l'existence et de vos croyances. Si vous êtes athée, vous pensez que vous n'avez qu'une vie, qu'elle a commencé lors de votre conception et qu'elle s'arrêtera à votre mort. Vous ne pâtissez nullement de la période avant votre naissance, n'est-ce pas ? Alors pourquoi voulez-vous souffrir après votre mort ? Ce qui vous angoisse, c'est de lâcher votre moi. Un exercice dérivé du chamanisme peut beaucoup vous aider. Marchez en ville ou dans la campagne ou au bord de la mer. Contemplez le paysage de façon neutre, sans réagir. Comme si votre ego n'existait pas. Comme si vous n'étiez pas là. Ne vous attachez pas à vos pensées, ne vous laissez pas entraîner par vos affects, soyez sans discours intérieur tel que « j'aime » ou « je n'aime pas ». Bravo ! Vous avez fait une certaine expérience, très reposante, du monde sans vous... Vous pouvez répéter cet exercice dans d'autres circonstances, devant la télévision, dans les transports en commun, etc.

Si vous croyez à une vie au-delà de la mort, vous pensez que vous allez continuer d'exister en dehors de votre enveloppe charnelle. Vous pensez aussi que vous allez retrouver des êtres disparus qui vous sont chers.

Si vous croyez à la réincarnation, il est probable que la mort vous effraie moins. Vous pensez que votre vie sur terre est semblable à une école où vous suivez des classes pour progresser. Ce que vous continuerez de faire sur un autre plan, après votre décès. Puis vous referez, selon vos besoins, d'autres expériences d'incarnations, jusqu'à atteindre un niveau de conscience ne le nécessitant plus.

Appréhender autrement votre vie pourra vous aider à ne plus être terrorisé par la mort. D'abord, efforcez-vous d'être, le plus souvent, dans l'instant présent.

Ensuite, vivez pleinement, en étant le plus conscient ou consciente possible. Veillez à vos pensées, à vos ressentis, à vos émotions, à vos sentiments. Considérez différemment les personnes qui vous entourent et les événements qui vous arrivent. C'est le fameux « éveil » dont parlent tous les enseignements spirituels. Beaucoup de personnes sont prisonnières de leur ego et des points de vue avec lesquels elles filtrent l'existence et le monde. Plus vous serez vigilant ou vigilante à votre vie dans ses moindres détails, plus vous apprendrez, plus vous vous transformerez, plus vous évoluerez, plus vous ferez un chemin intérieur, plus vous changerez de niveau de conscience, moins la mort vous effraiera.

Enfin, centrez-vous le plus souvent possible, pour vous désidentifier de votre petit moi et accéder à cette autre partie de vous-même, votre moi profond ou votre être intérieur. La méditation, la relaxation, la visualisation sont d'excellents instruments pour accéder à une autre réalité qui vous pacifie et vous énergétise.

Si vous interrogez des infirmiers et des infirmières, ils vous diront que la mort se passe, la plupart du temps, beaucoup plus tranquillement et paisiblement que nous l'imaginons. Le savoir peut adoucir votre peur archaïque.

Les chercheurs s'intéressent de plus en plus aux phénomènes d'expérience de mort imminente (EMI). Des personnes qui étaient à la frontière de la mort (pendant un coma avancé ou dans un état de mort clinique) témoignent d'un ensemble de « sensations vécues ». Cinq stades progressifs ont été décrits. D'abord, une partie de soi se détache soudain et voit avec force détails ce corps très mal en point et le lieu qui l'entoure, entend distinctement les conversations, puis est aspirée dans un tunnel de lumière où règnent une paix et un amour indicibles. La cinquième et ultime étape consiste à s'entendre dire que l'on n'a pas fini sa mission sur terre et que l'on doit donc y revenir et continuer. Je vous recommande à ce sujet *La Source noire*, un livre remarquable de Patrice Van Eersel qui s'attache à faire le point sur le débat scientifique autour des EMI[1]. Est-ce que c'est l'itinéraire merveilleux qui nous attend après notre mort ? Est-ce que ces états sont dus à la production d'endorphines par le cerveau lors de très grands chocs, comme un accident violent ou des problèmes de détresse physiologique en salle d'opération ? Ce que je trouve intéressant sur le plan psychologique dans ce

1. Patrice Van Eersel, *La Source noire*, Le Livre de poche.

phénomène, c'est que la vie des personnes ayant vécu une EMI, une fois leur santé retrouvée, est radicalement transformée. Ces femmes et ces hommes ne voient plus la vie de la même façon, n'attachent plus d'importance aux mêmes choses, n'ont plus les mêmes valeurs, sont bien davantage dans l'amour universel et ne craignent plus de mourir. Ils ont réalisé un fabuleux big-bang intérieur.

étape 5

Je savoure les bénéfices du changement

étape 5

43

JE N'AI PLUS PEUR

L'un des premiers changements dont vous bénéficiez, en mettant en pratique ce que nous avons vu ensemble au fil de ce livre, est que vous cessez d'avoir peur. Quelle libération !

En premier lieu, vous n'avez plus peur de vous-même. Vous savez que vous n'êtes pas parfait ou parfaite, vous connaissez vos défauts, vos limites, et ce qui ne vous convient pas. Au lieu de vous appesantir sur cet état de fait, vous êtes conscient que vous êtes unique, comme chacun et chacune d'entre nous. Vous avez la certitude que vous avez votre place sur cette terre, que vous êtes là pour vous épanouir et vous réaliser, en interaction avec les autres. Vous connaissez vos qualités, vos aptitudes, vos goûts. Vous êtes en paix avec vous et vous vous aimez tel que vous êtes. Vous avez confiance en vous. Vous ne redoutez plus les situations nouvelles, de quelque ordre qu'elles soient. Vous savez que vous êtes capable de vous adapter, d'apprendre, de progresser, d'évoluer. Vous savez que vos aspirations et vos rêves vous sont donnés pour que vous les réalisiez. Parallèlement, vous n'êtes pas figé et rigide, vous êtes en harmonie avec la vie, qui est mouvement. Vous ne restez plus arc-bouté sur l'exigence que la vie se passe en tout point comme vous le voulez, vous êtes ouvert « au champ du possible ». Vous ne craignez plus les imprévus, qui peuvent se révéler de fantastiques opportunités.

Vous êtes en paix avec votre passé. Même si vous avez vécu des choses difficiles et douloureuses avec votre mère, votre père, vos frères et sœurs, vous n'en êtes plus victime. Il en est de même pour toutes les personnes que vous avez rencontrées et qui vous ont fait souffrir.

Vous n'avez plus peur des autres. Quand les relations sont agréables, harmonieuses et enrichissantes, vous vous en réjouissez et veillez à les entretenir, avec gratitude, comme un jardin magnifique. Lorsque les personnes sont différentes de vous, au lieu de les critiquer, de les juger, de jeter l'anathème sur elles, vous les écoutez pour mieux les comprendre ou mieux comprendre leurs points de vue. Vous n'adoptez pas forcément leurs conceptions de l'existence ou leurs valeurs, mais vous apprenez de vos divergences. Quand vous vous apercevez que vous n'avez rien en commun avec certaines personnes, que leurs valeurs sont opposées aux vôtres, que leur comportement est trop névrotique, rien ne vous oblige à les fréquenter. Vous ne vous fâchez pas, mais vous prenez de la distance, et c'est très bien ainsi. On ne peut pas plaire à tout le monde.

Il se peut aussi qu'une relation vous soit franchement désagréable ou douloureuse. Immense progrès, vous ne faites plus ce que font la plupart des gens en déclarant abruptement : « Tout est de sa faute. » Vous n'accusez pas l'autre de tous les maux et vous ne vous dédouanez pas d'une quelconque interrogation vous concernant. Toute personne qui vous dérange ou vous blesse est l'occasion de vous poser des questions. Le monsieur ou la dame en question peut avoir un comportement inqualifiable, je vous l'accorde. Mais ce n'est pas lui ou elle qui m'intéresse, c'est vous. Quelle est la nature de la souffrance que vous ressentez ? Est-ce de la peine, de la tristesse, de la désespérance, une extrême douleur, l'envie soudaine de mourir, de la colère, de l'indignation, de l'impuissance, de la honte, de la violence, de la haine, le fantasme de tuer ? Qu'est-ce que cela réveille en vous ? Quel écho, quelle résonance, quel effet miroir, fût-il inversé, cela provoque en vous ? Qu'est-ce que cela vous invite à changer, définitivement, en ce qui vous concerne ? Vous savez qu'une relation qui vous pose problème est une opportunité d'évoluer et de vous libérer enfin d'un nœud psychologique. L'excellente nouvelle est que vous cesserez, définitivement, d'attirer ce genre de personnes puisque leur comportement n'aura plus aucun impact intérieur.

Prenons un exemple. Une amie très chère a rencontré un homme fort séduisant qui s'est révélé un pervers de premier ordre. Après deux mois d'une cour assidue, où il lui disait les choses les plus délicieuses qu'elle avait jamais entendues, il l'a quittée à la veille d'une fête qu'elle organisait en son honneur. « Mon fils ne va pas, je dois me consacrer à lui. » Mon amie souffre d'une névrose d'abandon. Ne s'aimant pas assez elle-même, elle se met dans l'attente et la dépendance de l'homme qui l'aime. Il l'a bien sûr contactée de nouveau et elle a cédé. Cette fois, il lui a proposé de partir en vacances avec elle. Ils devaient décider des dates ensemble. Après plusieurs échanges à ce sujet, il n'a jamais répondu à ses e-mails et ses messages téléphoniques. Mon amie est à la croisée des chemins. Est-ce qu'elle lui envoie une lettre de rupture, dépassant une fois pour toute sa terreur d'être abandonnée ? Ce qui la guérirait et ferait qu'elle attirerait un autre type d'homme et de relation. Car ce n'est malheureusement pas la première fois qu'elle « tombe » sur un individu pareil. Sauf que celui-ci est beaucoup plus dangereux parce qu'il est capable d'être très affectueux dans la relation, sur le moment. Elle pensait que c'était vraiment l'homme de sa vie. Ou bien va-t-elle attendre qu'il la rappelle, ce qu'il ne manquera pas de faire, et replonger dans ce cercle infernal ? Car il recommencera à l'abandonner, malgré ses excuses et ses promesses…

Enfin, vous n'avez plus peur des événements. Vous avez cessé de craindre « les tuiles » comme la majorité des gens qui, d'ailleurs, parce qu'ils les redoutent, les anticipent et donc les attirent. Vous avez confiance en la vie. Vous avez compris qu'elle ne vous veut aucun mal et qu'elle vous aime. Vous savez que, quoi qu'il advienne, vous trouverez la solution idéale en vous centrant. Si une difficulté se présente, vous ne la considérez plus comme votre ennemie, vous n'en faites pas « une montagne », vous ne vous plaignez pas pendant des heures auprès de votre entourage. Si quelque chose de grave vous arrive, vous adoptez désormais une tout autre attitude. Je voudrais rendre ici hommage à deux hommes formidables. Le premier est Bernard Giraudeau. Il pensait qu'il avait provoqué lui-même son cancer. Grâce à cette maladie, il a fait un chemin exceptionnel de travail intérieur, de dialogue avec sa famille, de pardon, d'amour universel et d'aide aux autres. Il est mort en paix, sans détester cette épreuve. Le second est David Servan-Schreiber, qui a fait reculer de vingt ans l'échéance fatale de sa tumeur au cerveau et a fait profiter les autres de ses recherches. En phase terminale, il a eu le courage et l'énergie d'écrire un nouveau livre, pour être utile, toujours…

44

JE VIS DE FAÇON RADICALEMENT DIFFÉRENTE

Vous avez fait un énorme chemin. Vous avez changé de niveau de conscience. Vous avez compris et intégré que vous avez l'immense pouvoir de co-créer votre vie. Vous mettez ce pouvoir en œuvre quotidiennement. Vous vivez de façon radicalement différente.

Vous veillez à vos pensées afin de cultiver une attitude paisible, constructive, positive, dynamique. Quand vous rencontrez un problème, vous avez la certitude qu'une solution existe pour le résoudre. Vous remerciez par avance la vie ou l'univers de la trouver.

Vous êtes vigilant à vos ressentis, à vos émotions, à vos sentiments. Quand quelque chose vous perturbe, vous vous interrogez courageusement. Qu'est-ce qui se passe en moi ? Pourquoi est-ce que je réagis ainsi ? Qu'est-ce que cela m'évoque ou me rappelle ? Vous ne vous permettez plus de vous laisser envahir par la morosité, la tristesse, la colère, la jalousie, la haine, ou tout autre sentiment négatif, comme si vous étiez « pieds et mains liés », impuissant. Vous faites le travail pour vous libérer de ce qui les provoque en vous.

Vous savez que vos affects agissent comme des aimants. Ils attirent ce qui leur correspond, soit à travers les personnes, soit à travers les situations. Vous cultivez précieusement le sourire, la bonne humeur, la gaieté, la joie, le rire et aussi la tranquillité, la paix, la sérénité. Cerise sur le gâteau, votre positivité est bénéfique pour votre entourage...

L'être humain est animé par deux grands sentiments : l'amour et la peur. Comme vous n'avez plus peur, vous pouvez vous ouvrir à l'amour et le décliner sous toutes ses formes.

Vous vous respectez et vous vous aimez suffisamment pour ne pas prolonger des relations affectives qui ne vous correspondent pas. Si votre couple va mal, vous faites tout pour améliorer votre relation, y compris vous remettre en cause. Si cela s'avère impossible, vous avez le courage de mettre un terme à cette union. Si vous êtes seul, vous ne vous mettez pas dans une relation toxique où vous vous contentez de miettes d'amour.

Vous vous levez content. Vous vous réjouissez d'avoir la chance de vivre une nouvelle journée. Vous êtes dans la gratitude. Vous savez que vous allez avoir l'opportunité, au fil des heures, de découvrir, d'apprendre, d'échanger, d'aimer, de progresser, d'évoluer. Le soir, vous faites le bilan de votre journée en remerciant pour tout ce que vous avez vécu et pour les personnes que vous avez côtoyées. Vous n'oubliez pas de vous remercier également et de vous féliciter.

Au travail, vous vous rendez la tâche la plus agréable possible. Vous savez que, plus vous prenez d'intérêt à ce que vous faites, plus vous allez vous sentir bien, plus vous allez être efficace, sans fatigue inutile. Certaines personnes sont tellement passionnées par leur activité qu'elles n'ont pas l'impression de travailler. Vous essayez d'avoir les meilleures relations possibles avec vos collègues et votre hiérarchie, sans tout mélanger. Vous êtes là pour travailler ensemble et non pour être les meilleurs amis du monde. Vous respectez votre intimité et celle des autres. Vous êtes un artisan de paix, vous fuyez les critiques, les jugements, les commérages et les médisances. Vous ne rajoutez pas d'huile sur le feu en cas de conflit.

Vous prêtez beaucoup plus d'attention et donnez davantage d'affection à vos proches. En couple, vous ne tenez pas l'autre pour acquis. Vous veillez à exprimer à la personne qui partage votre vie votre amour, votre reconnaissance pour ce qu'elle vous apporte et fait pour vous, votre bonheur qu'elle vous accompagne, votre gratitude pour ce que vous partagez ensemble. Vous n'hésitez pas à remercier et à féliciter votre conjoint. Vous prenez le temps de dire à vos enfants que vous les aimez. Vous leur donnez de la tendresse, vous les encouragez, vous les félicitez également. Vous savez mettre des limites quand il le faut, avec fermeté mais sans rigidité. Vous avez conscience que vos amis sont des cadeaux précieux et vous prenez soin de vos relations.

Des transformations se sont produites dans votre entourage relationnel. Le fait que vous ayez évolué vous a rapproché de certains amis, avec lesquels vous avez considérablement approfondi et enrichi votre relation. Et vous trouvez cela délicieux. De la distance s'est instaurée avec d'autres personnes tout naturellement, sans heurt, sans douleur. Vous n'avez plus grand-chose en commun maintenant. Enfin, de nouvelles amitiés se sont tissées parce que vous avez attiré à vous des êtres en harmonie avec votre nouvel état de conscience.

Votre attitude envers les autres a changé radicalement. Vous êtes devenu beaucoup plus tolérant. Vous n'avez plus envie de critiquer, de juger, de fustiger. Vous estimez que les autres ont le droit d'être comme ils sont. Les réflexions comme « Cette actrice, je ne peux pas la voir », « Je déteste ce présentateur de télévision », vous font sourire.

Vous ne perdez plus une énergie considérable à affirmer vos points de vue sur tout et sur rien et à convaincre les autres que vous avez raison. Les discussions de type « café du commerce » à propos de l'actualité vous ennuient. Vous ne vous désintéressez pas du monde, bien au contraire. Mais les idées toutes faites, les jugements simplistes, les polémiques stériles ne vous concernent plus. Avant de vous faire une opinion, vous prenez soin de vous informer et de vous documenter. Vous n'en voulez pas aux autres de penser autrement que vous, vous ne les traitez pas de bornés ou de stupides, vous ne les haïssez pas.

Vous gérez beaucoup mieux l'emploi du temps de vos loisirs. Vous avez à cœur de cultiver ce qui vous fait du bien, la paix, l'harmonie, la beauté, l'amour. Méditer fait partie de votre quotidien. Vous avez besoin de ce rendez-vous avec vous-même, qui vous connecte à d'autres vibrations, vous pacifie et vous régénère. Vous privilégiez des loisirs qui vous nourrissent psychologiquement et spirituellement. Par exemple, vous aimez marcher, le plus souvent possible, ne serait-ce qu'une demi-heure. Vous appréciez beaucoup le contact avec la nature. Dès que vous le pouvez, vous vous régénérez dans un parc en ville, à la campagne, en forêt, au bord de la mer, à la montagne, suivant la région que vous habitez. Vous mettez votre esprit au repos et vous êtes dans l'émerveillement de ce que vous ressentez face à cette immensité et à cette splendeur. Vous regardez, vous écoutez, vous humez… Que cela fait du bien… Vous prenez le temps de lire. Ou d'écouter de la musique. Ou de vous livrer à une activité créative et artistique. Certains de vos goûts ont changé par rapport aux spectacles. Ce qui est trop violent ou désespéré ne vous attire plus.

Vous êtes conscient de la planète, vous exprimez votre respect et votre reconnaissance en veillant à polluer le moins possible votre environnement.

45

ET MAINTENANT JE SAVOURE LE BONHEUR DU BIG-BANG

Le but de changer votre vie est d'être le plus heureux, ici et maintenant. Même si les circonstances ne s'y prêtent pas, même si vous avez des soucis, même si vous rencontrez des difficultés avec certaines personnes de votre entourage. Vivre un autre état de conscience, ce n'est pas ne plus avoir de problèmes. C'est les considérer, les vivre, les gérer, les traverser, les résoudre autrement.

Réaliser votre big-bang intérieur entraîne d'énormes changements en vous et dans votre quotidien. Ce qui vous aurait auparavant tracassé pendant des mois ne vous préoccupe plus que quelques jours. Ce qui vous aurait mis autrefois dans tous vos états vous laisse désormais tranquille et paisible. Vous ne faites plus vous-même votre malheur en filtrant la réalité avec votre ego, vos points de vue, vos préférences, vos *desiderata*. Vous êtes bien davantage dans le moment présent, vous ressentez beaucoup plus d'énergie et de joie de vivre.

Le bonheur attire le bonheur. Le plus beau cadeau que vous puissiez faire, à vous-même et aux autres, est de vivre le plus possible en état de bonheur au quotidien. C'est le contraire d'être égoïste. C'est même le plus bel acte d'amour qui soit, envers vos intimes et toutes les personnes que vous côtoyez. Cela va même beaucoup plus loin. C'est la meilleure chose que vous puissiez faire pour la planète et pour l'univers. Le bonheur émet des vibrations positives. Le bonheur est contagieux. C'est un antidote très puissant à l'énorme pollution psychologique que représentent tous les sentiments négatifs.

Certaines personnes le ressentent : « Qu'est-ce que tu es en forme en ce moment, c'est super », « Tu as changé, qu'est-ce que tu as fait ? », « Si cela ne t'ennuie pas, je voudrais te demander conseil pour quelque chose », « Tu es toujours de bonne humeur au bureau, cela m'aide », « Je m'entends beaucoup mieux avec toi », « Je te remercie car je sais que ma mère n'est pas facile et tu t'en sors très bien en tant que belle-fille, chapeau ».

Enfin, réaliser votre big-bang intérieur peut vous amener à œuvrer pour l'humanité. Mère Teresa a dit : « Je ne participerai jamais à une manifestation contre la guerre. Mais comptez sur moi pour des actions pour la paix. » Vous pouvez choisir de vous engager pour certaines causes afin d'améliorer les conditions de vie sur cette terre. Mais vous évitez, tout naturellement, de *lutter contre*, de vous associer aux querelles d'opinion, aux sectarismes, aux haines, de jeter l'anathème. Parce que cela vous est devenu étranger…

46

C'EST MAGIQUE !

Vous vivez beaucoup moins dans l'illusion de la séparation. Vous ne vous voyez plus comme plus ou moins perdu au milieu de l'univers. Vous n'imaginez plus que la vie se désintéresse de vous, ne vous aime pas, vous complique sadiquement l'existence ou, pire, vous est carrément hostile.

Vous étiez enfermé dans la dualité : « Je veux, je ne veux pas », « J'aime, je déteste », « C'est bien, c'est mal », « C'est génial, c'est épouvantable ». De même, vous estimiez qu'il y avait « vous et l'autre », « vous et votre famille », « vous et votre travail », « vous et la société », « vous et le monde ». Vous avez pris conscience que nous sommes tous reliés les uns aux autres et que nous sommes tous reliés à l'univers.

Auparavant, vous vous inquiétiez pour un rien. Une réunion, un entretien, un rapport à rendre vous tracassaient. Vous doutiez parfois de l'amour que l'on vous portait. Vous vous faisiez beaucoup de soucis pour vos enfants. Bref, vous anticipiez toujours le pire. Quand vous aviez un problème, de quelque ordre qu'il soit, vous en faisiez toute une histoire. Vous désespériez de trouver une solution et vous vous lamentiez : « Pourquoi cela m'arrive à moi ? » La plupart du temps, vous vous compliquiez terriblement l'existence parce que vous vouliez que les événements se passent absolument comme vous le désiriez. Vous vouliez aussi que les autres changent pour, enfin, agir conformément à vos souhaits. Vous estimiez que tout était de leur faute et que vous n'étiez pas concerné. Vous considériez bon nombre de personnes comme vos ennemis.

Vous vous êtes ouvert à une autre dimension. Alors, tout naturellement, vous prenez conscience que la vie vous aide. Elle l'a toujours fait mais, avant, vous étiez quasi sourd et aveugle. Il y avait de l'électricité chez vous, mais vous ne saviez pas qu'il fallait tourner l'interrupteur ou brancher une prise pour bénéficier de la lumière.

Quels sont les cadeaux que vous fait la Vie ?

Vous avez à votre disposition une merveilleuse antenne : votre intuition. Vous êtes beaucoup plus à même de l'écouter désormais, puisque vous n'êtes plus agité par vos appréhensions, vos peurs, vos affects. Pour que la lune puisse se refléter dans un lac, il est nécessaire que l'eau soit calme. Votre intuition est un guide précieux pour votre bonheur et votre réalisation, pour les choix que vous faites, pour vos relations avec les autres, pour libérer votre créativité. Elle ne demande qu'à vous inspirer et vous conseiller. Suivez-la avec respect et amour.

Faire appel quotidiennement à votre moi profond, à votre être intérieur, remercier par avance cette partie de vous-même, en connexion avec un autre plan de conscience, transforme radicalement votre vie. J'ai déjà cité ce joli proverbe : « La nuit porte conseil ». Avant de vous endormir, vous confiez à votre être intérieur ce qui vous tient à cœur : « Merci de m'aider à réaliser un bon dossier pour ce client », « Merci pour que cette conversation se passe au mieux », « Merci pour que mon fils comprenne ce que je souhaite lui enseigner à propos de la politesse », « Merci pour trouver la solution idéale à cette difficulté », « Merci pour choisir les parfaites vacances ». Je vous conseille de faire aussi appel à votre être intérieur dans la journée. Ce que je n'ai pas manqué de faire, fréquemment, en rédigeant cet ouvrage...

Vous pouvez également confier les êtres que vous aimez à leur moi profond. Cela ne peut que leur faire du bien et à vous aussi. Ne vous en privez pas non plus avec les personnes avec qui vos relations sont plus difficiles et que vous appeliez autrefois vos ennemis. Sans rien attendre, bien sûr. Vous ne faites pas cela pour que ces personnes changent à votre égard. Vous agissez pour vous connecter aux énergies d'un autre niveau, au-delà des apparences et de vos deux ego.

La synchronicité est un autre fantastique cadeau que vous recevez de la vie. Ce concept a été inventé par le grand psychanalyste suisse Carl Gustav Jung. Lors d'une consultation, en été, sa patiente analysait un rêve qu'elle avait fait où lui était apparu un scarabée doré. La fenêtre était ouverte et un scarabée doré s'est posé près du thérapeute. « Voici votre scarabée », a dit Jung, émerveillé, à sa consultante qui ne l'était pas moins. La synchronicité vous apporte une multiplicité de petits signes. Comme maintenant vous savez les voir et les entendre, vous ne vous sentez plus jamais seul, abandonné, désespéré. Une patiente me disait récemment : « Je découvre enfin que nous vivons en pleine magie. »

La synchronicité est un outil extrêmement puissant de la loi de co-création. Elle se manifeste sous divers aspects. Par exemple, votre fille vous a confié, il y a deux jours, qu'elle souhaitait faire un stage en entreprise l'été prochain. Une relation amicale, dont vous n'aviez pas de nouvelles depuis longtemps, vous téléphone, toute joyeuse : « Excuse-moi de ne pas t'avoir donné signe de vie ces derniers mois, j'ai été très occupée, je viens de créer ma société. » Vous échangez des nouvelles et elle vous dit, incidemment : « Il va falloir que je prenne une stagiaire. » Autre exemple, vous faites le marché, ou bien vous êtes dans le métro ou dans le bus, ou encore vous écoutez la radio. Vous entendez une petite phrase « anodine » qui, tout d'un coup, agit comme un déclic. C'est la réponse à votre question ou un nouvel éclairage auquel vous n'auriez jamais pensé.

Plus vous allez être en paix avec vous-même et avec les autres, plus la synchronicité va vous aider. Vous pouvez l'utiliser consciemment. Vous formulez votre désir ou votre souhait en disant : « Si c'est bon pour moi et si c'est bon pour l'univers, je remercie qu'il se réalise. »

Un autre merveilleux cadeau de la vie est de vous permettre de danser avec elle. Votre participation active est demandée… Vous avez fait, en votre âme et conscience, tout ce que vous avez pu, sans vous agiter dans tous les sens sous l'effet de vos peurs, de votre ego, des pressions des uns et des autres. Vous vous êtes centré, vous avez agi calmement et avez donné le meilleur de vous-même, avec soin et intensité. Soit pour trouver une solution à un problème, soit pour réaliser un projet, soit pour assumer vos responsabilités personnelles, familiales, professionnelles. Il est temps de lâcher prise et de laisser la vie s'en occuper. Avec une totale confiance. Elle s'en charge avec un amour infini. Le résultat ne sera peut-être pas celui que vous aviez imaginé, mais il sera parfait et il dépassera vos espérances sur le plan de conscience qui vous intéresse désormais.

Comme vous le faites maintenant, je confie cet ouvrage à la vie. Je l'ai écrit avec beaucoup de joie et d'application, du mieux que j'ai pu, avec l'aide de mon être intérieur. Il ne m'appartient plus. Je le remets à l'univers. Il est le vôtre, cher lecteur et chère lectrice. Je vous remercie de votre confiance et vous souhaite, de tout cœur, de réaliser un merveilleux big-bang intérieur.

REMERCIEMENTS

Je remercie Hélène Gédouin, directrice éditoriale chez Marabout, pour avoir chaleureusement accueilli ce projet de livre.

Je remercie Élisabeth Boyer, mon éditrice, pour son remarquable travail et son accompagnement très agréable dans la rédaction de cet ouvrage.

Je remercie Sophie Carquain, journaliste et auteur, pour m'avoir introduite auprès d'Hélène Gédouin.

Je remercie chaleureusement tous mes patients au téléphone de par le monde francophone, pour leur confiance et tout ce qu'ils m'apprennent à travers leur expérience quotidienne.

Je remercie mon Être intérieur.

Je remercie mes amis qui m'ont accompagnée lors de l'écriture de cet ouvrage, en particulier Micheline et Daniel Ruch pour nos dialogues si précieux qui m'ont été irremplaçables, Françoise Silhol pour sa relecture indéfectible et avisée, Muriel Tunzini pour son soutien, Patrice Cayrou pour son intérêt, Sarah Denis pour ses commentaires, Sigrid Charrière, Dominique Tayebaly, Patrick Mazet, Gwenaëlle Gobé.

Je remercie enfin Dimitri Waskovit, informaticien à Paris, pour l'entretien parfait de mon ordinateur à distance : dimitri.w@gmail.com

TABLE DES MATIÈRES

étape 4

Je gère autrement mes problèmes

étape 5

Je savoure les bénéfices du changement

DANS LA MÊME COLLECTION

JOHN R. SHARP
Le CALENDRIER des ÉMOTIONS
comprendre son cycle émotionnel
pour atteindre la sérénité
MARABOUT

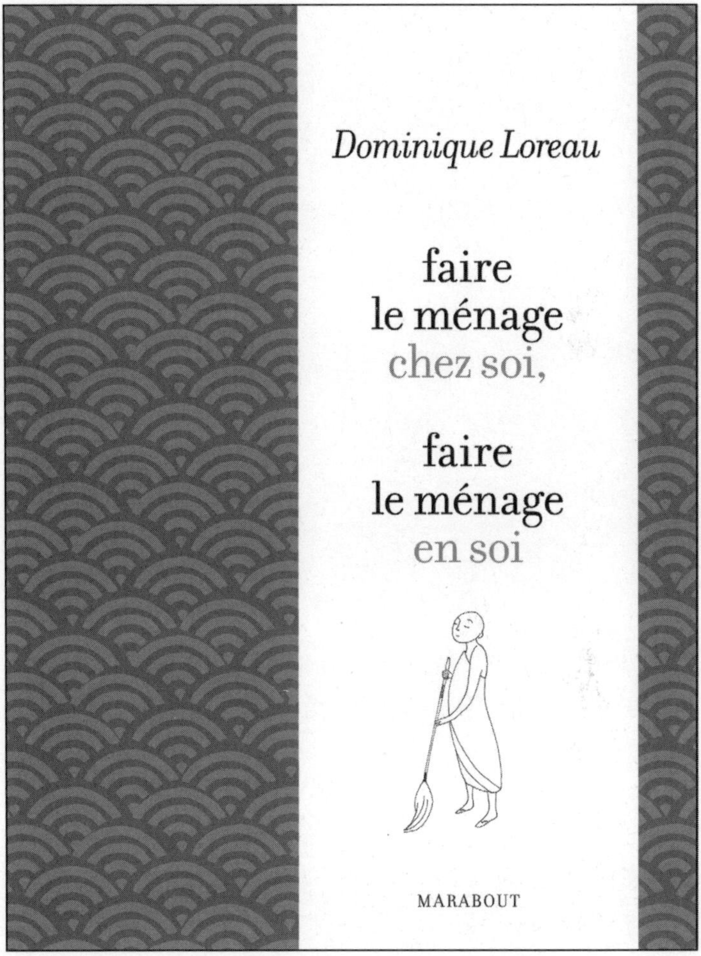
Dominique Loreau
faire
le ménage
chez soi,
faire
le ménage
en soi
MARABOUT

Achevé d'imprimer en mars 2012 sur les presses de GGP, Allemagne.
41-0385-9/01
ISBN : 978-2-501-07639-5
Dépôt légal : avril 2012